本书获 2017 年贵州省出版传媒事业发展专项资金资助

中华传统文化

中国文化书院贵阳国学大讲堂 编

讲演录

第三辑

贵州出版集团
贵州教育出版社

图书在版编目（CIP）数据

中华传统文化讲演录．第三辑／中国文化书院贵阳
国学大讲堂编．-- 贵阳：贵州教育出版社，2020.9（2021.11重印）
ISBN 978-7-5456-1296-7

Ⅰ．①中… Ⅱ．①中… Ⅲ．①中华文化-文集 Ⅳ．
①K203-53

中国版本图书馆 CIP 数据核字（2020）第 139570 号

中华传统文化讲演录（第三辑）
ZHONGHUA CHUANTONG WENHUA JIANGYANLU (DISANJI)
中国文化书院贵阳国学大讲堂　编

出 品 人　玉　宇
责任编辑　舒艳雪　郁　艳
出版发行　贵 州 出 版 集 团
　　　　　贵州教育出版社
地　　址　贵州省贵阳市观山湖区会展东路 SOHO 区 A 座
　　　　　（电话 0851-82263049　邮编 550081）
印　　刷　三河市燕春印务有限公司
开　　本　710mm×1000mm　1/16
印　　张　7.5
字　　数　123 千字
版　　次　2020 年 9 月第 1 版
印　　次　2021 年 11 月第 3 次印刷

书　　号　ISBN 978-7-5456-1296-7
定　　价　28.00 元

序

李宽定

中国有两个成语——井底之蛙和夜郎自大，大多数中国人都知道、都懂，但恐怕很少有人往深处想过：蛙生在井里，终其一生，也没有能力离开井，焉能责怪它坐井观天？人生在夜郎，一辈子都没有机会走出夜郎，又怎能嘲笑他不知汉与夜郎孰大？

扪心自问，我们自己又何尝不是一样？

被封闭在屋子里的人，住久了，就适应了。对屋子里一切不足为外人道的东西，他们即使说不上了如指掌，至少也能有所觉察；但是呢，对外面的世界，他们知道的就少得可怜了！

因为，被封闭在屋子里的人，永远都只能从一个窗口看外面的大千世界。只知道树林一亮，天晴了！芭蕉一湿，下雨了！至于自己住的是什么样的房子，是棚户区里的别墅，还是别墅群中的牢房？是坐落在花园里，还是在悬崖上？却是一无所知。因为房子的形象、坐落的方位、周边的环境，封闭在屋子里的人是永远看不到的，要站在外面的人才看得清楚。

黔北乡村有谚语云："大瓦房，空框框；茅草屋，腊肉香。"外面的人只知道房子是大是小，是美是丑；至于房子里面是富是穷，是整洁还是脏乱，这只有屋里的人才清楚了。倘若屋里房外的人能自由交流沟通，就不难了解我们自己的家究竟是个什么样了。

这就是贵阳国学大讲堂举办系列讲座"外国人眼中的中国文化"的动因。

目　录

新闻报道

一个意大利人眼中的中国文化

——楚国怪兽的人类学研究

社会很难接受生命的未定性，

所以需要通过某一种仪式去解决死亡的难题。

Giulia Pra Floriani（朱馨芽）

　　朱馨芽，意大利人，1992 年出生，本科就读于威尼斯大学中国语言和文化专业，硕士就读于西安交通大学中国文化专业、北京大学中国美术史专业，博士就读于德国海德堡大学东亚美术史—跨文化学专业。她策划了西安崔振宽美术馆·保持记录摄影展、平遥国际摄影大展·殊归同途展览、大理国际影会·意大利当代摄影展览，曾担任梵蒂冈博物馆·北京大学合作交流会、平遥摄影师交流座谈会、西安交通大学学术研讨会"丝绸之路"的翻译。参与撰写"当代混沌"（挪威）展览画册、"绘画的前沿"（意大利）展览画册的文字内容，发表论文《从现实到想象的空间——贾科梅利的摄影》《受害者和同犯——周子羲的绘画作品》《鲁伯德拉格·安德里克：光的描写——时间的悬置与色彩的私密》《世界的双年展：威尼斯到重庆》。

一、人类学

（一）人类学视野中的过渡仪式以及仪式过程

按照人类学家阿诺尔德·范热内普（Arnold van Gennep）关于过渡仪式的理论，人类的生活被一些主要的时间节点（比如每一个人都要经历的出生、成年、死亡等）所接续，从而分为不同的阶段。每一个人主要是通过社会认可的过渡仪式，离开生活的某一个阶段并且准备进入后面的阶段。社会使用仪式来证明一个人已经能够离开之前的状态和进入新的状态。典礼、婚姻、洗礼等仪式的原则都与过渡仪式有关。这样的仪式是一个主要的社会共同体认可的转变媒介。每一个过渡阶段利用过渡仪式调整人们的行为，使人们适应与他人的社会关系，过渡阶段之后人们便形成了新的特定的权利与职责、知识和身份。

解释生命的存在或死亡的时候，社会体系都会遇到一种解释不了的现实：生命的大转变。面对这个问题，传说、故事、迷信、科学、巫术或宗教会产生不同的回答，不同的文化体系便会用仪式和礼器来表达自己对陌生存在的认可。所谓礼器，就是在仪式中使用的具有文化象征意义的器具。比如，给死人准备陪葬物品从原始文化开始以来，便一直是人类非常重视的一种过渡仪式，即宣告死者离开了一个阶段而进入下一个阶段。

维克多·特纳（Victor Turner）深入研究了过渡仪式中的三重结构以及阈限阶段（Liminality）的问题，并由此阐发他的理论。在其主要著作《仪式过程》中，他深入研究了范热内普提出的理念，在仪式中框定了三个阶段：在过渡仪式中，仪式过程结构由前阈限阶段（分离期）、阈限阶段（转型期）以及后阈限阶段（重整期）组成。特纳指出，在阈限阶段，转型状态位于前后两个阶段之间，个人处在悬而未决、不明确的状态，既不再属于从前所属的社会体系，也尚未重新整合融入后一社会体系，这是仪式最主要的事件。阈限阶段是一个临界边缘（Limbo），一个模糊的时期与空间，以谦卑、遁世、测试、性别模糊以及共同体（Communitas）为主要特征。空间上，仪式过程也带有阈限性的特征：通过者离开共同体，自己与其他的过程仪式者在某一个地方被临时带走，象征他已经离开了第一个阶段但还没有进入第二个阶段，临时在一种"无空间—无时间"的状态。就是因为这个时间很模糊，同时参与仪式过程的人们会产生一种很强的团队精神。[1] 通过特纳的文章，我们能够理解阈限期在仪式过程当中确实是最重要的一个阶段，它是生活转变的核心，也是葬礼的主要特征。

（二）过渡仪式与组合体怪兽

人类学家玛丽·道格拉斯（Mary Douglas）曾看到非洲 Lele 部落有一个非常复杂的自然类别体系，因为鳞甲目穿山甲自然特点比较丰富，同时属于很多不同的类别，所以部落没有办法明确地把它固定到某一特定的类别。它是一种认知异常（Cognitive Abnormality），也是本文思考的组合体怪兽。因为它的阈限性相当强（它存在于一个不明确类别之间的模糊空间中），所以它变成 Lele 的过渡仪式的核心：进行过渡仪式的时候，这个动物的肉体被通过者吃掉，代表生活中让人长大的最主要原则就是知道类别的确定性是有限的，而理解到实际生活中具有许多未知、复杂、不明确的现象。在《洁净与危险：对污染和禁忌观念的分析》[2] 中，玛丽·道格拉斯解释说，鳞甲目穿山甲这个祭品同时是危险和洁净的象征。[3]

（三）过渡仪式与美术史

如果把人类学家关于过渡仪式的概念与理论用到美术史的分析上，我们能够对组合体怪兽在美术史和人类史上的作用产生一个新的理解。在古代中国和古希腊的艺术品里面都出现过组合体怪兽（带有混杂性——Hibrydity 的特征）。虽然文化背景不同，但它们都包含着特纳所描述的阈限性的特征。关注公元前 5 世纪—公元前 4 世纪的古希腊，会发现有很多组合体怪兽，其中最著名的怪兽之一是凯米拉（Χίμαιρα–Chímaira），它狮身狮首，背另生一首

---

1. "社会阈限期可以说是一个包含许多可能性的混沌、一个广袤的虚无空间、一个包含无数机会的仓库……阈限性的意义是不断地追求新的形式和结构，像胚胎发育一样，它为阈限后的经验（postliminal experience）做准备与预计，也就是说它是整个仪式过程的主要元素。"

2. Mary Douglas.Purity and Danger: *An Analysis of Concepts of Pollution and Taboo*，1966，p.95.

3. "混乱本身是无限的。混乱中不存在任何的模式或典范，同时混乱里面包含无数模式和典范的可能性。就是这个缘故，虽然我们人类习惯追求稳定并且创造各种明确的秩序，但是我们不会完全地谴责混乱。我们承认混乱与我们所造成的模式有矛盾，而且我们知道它能够直接导致人类营造出来的典范的崩溃，知道混乱包含着许多可能性。所以说混乱同样能够象征权力与危险。"

如羊，蟒尾，非常凶恶、可怕，会喷火。这个怪兽代表着人类面对陌生和恐惧的反应。凯米拉怪兽身上既包括陌生的、与人们的生活离得比较远的，甚至危险的动物（蛇与狮子）的部分形态，又包括人们都熟悉的、与人的生活关系非常密切的动物（羊头）的部分形态。欧洲文化中的凯米拉不完全是一只幻想的动物，它也有人类很熟悉的动物的部位——狮子的背上突出着一只羊头，而且凯米拉这个词汇的意思就是"山羊"。中国古代红山文化的 C 形雕塑玉兽玦，不但有离生活较遥远的龙（或蛇）的形态，也有普通的猪的形态。关注中华文明美术史的时候，我们发现从红山文化的玉兽玦开始，人们就习惯使用形式为组合体怪兽的艺术品来象征阈限性较强烈的时间与空间，尤其是在陪葬品中。

二、楚国的文化与艺术背景

（一）楚国的经济文化背景

楚国是中国历史上商朝后期至春秋战国时期的一个诸侯国，最早兴起于丹江流域和淅水交汇的淅川一带，其最大辖地大致包括现在的湖北、安徽、河南、湖南、浙江、上海、江苏、江西、重庆、贵州、山东、广西等省区市的全部或部分地区，最后在公元前 223 年被秦国灭亡。楚国国王最初的姓氏是熊氏。随着周代定下来的礼仪体系的繁荣，楚国祭祀的体系已非常健全。

杜朴、文以诚在《中国艺术与文化》中描述："在东周时期，在经济强大的基础上，军事变革，城市发展。大小国家通过征召农民入伍与税收控制域内民众。土地私有出现，城市依靠资源进行大规模的生产、专业化分工以及地域间的贸易。"[1]"宫廷宴饮和其他仪式中使用的青铜器是王权合法性程序的一部分，通过不断证明其统治权，东周贵族（与战国时期其他国家的统治者相同）加强了他们对社会的控制。"[2]

该书描述出土的战国时期墓中的壶的艺术风格有与众不同的特点：立体造型的龙作为器足和把手，采用透雕的精致器口外翻。这些铜器作为雕塑性

---

1. ［美］杜朴、［美］文以诚：《中国艺术与文化》，张欣译，世界图书出版公司，2011，第 72 页。

2.同上书，第 75 页。

纪念物而存在，这与相对内敛的光山铜器不同。[1]

两位作者强调观察战国时期的青铜器需要特别重视地方性，主要分几个地区：北方（燕国、中山国）、南方（楚国和一些小国）和西方（秦国）。他们认为，此时的铜器跟以前不太一样的特征有：失蜡法的应用，出现更多传统的饰以浮雕的铜器，镶嵌金属和石头、带有图画纹饰的铜器或朴素未修饰的铜器。[2]

（二）楚国的礼仪与葬礼

礼仪的范畴包含了国家典仪和祭祀的庄严程式，阐发了约束战争行为的武士风范，设定了款待邻国使者的礼节。……礼设定了天子和诸侯、生者与死者的关系，充斥于社会体系中。[3]随州曾侯乙墓（曾侯乙约于公元前433年去世）出土了大型编钟，悬于三层支架上。另外，还出土了多种敲击乐器、管乐器和鼓。[4]杜朴、文以诚在《中国艺术与文化》中的表达证明了乐器支架在墓葬中的普遍性与音乐在礼仪系统中的重要性。

两位作者描述战国时期的墓室是复杂的地下建筑[5]，笔者认为整个淅川和尚岭与徐家岭楚墓的大体情况不完全符合这种说法。这一地区墓地的每一个单独的坟墓空间规划比较简单，只有单独的一间墓室，最多有两椁与三棺，椁室两侧下面有一个或两个熟土二层台，两侧上面有的有几个台阶（9号墓两侧上面有5个台阶），有的没有台阶。有的坟墓一侧有台阶，一侧没有台阶。除了被盗过的墓以外，墓冢中的陪葬品很丰富。

（三）楚国与巫术

李琴在论文《春秋晚期楚国贵族墓出土青铜神兽赏析》中提到："楚人沉浸在以'巫术文化'为主导的属于原始宗教的狂热的自然崇拜中，即把自然万物都看作神，故其图腾崇拜具有多样性，龙、凤、鹿、鹤等珍禽异兽都

---

1. ［美］杜朴、［美］文以诚：《中国艺术与文化》，张欣译，世界图书出版公司，2011，第79页。

2. 同上书，第81页。

3. 同上书，第84页。

4. 同上书，第86页。

5. 同上书，第86页。

是他们刻画的题材。"[1]中华文明中艺术的起源与仪式有直接的关系：艺术（包括视觉艺术、巫术、舞蹈与音乐）是制度社会的一种方法，也是安慰有困惑、误解的人的一种方法。怪兽的造型恰巧体现着这种阈限性，满足人们精神的需求。

精神上的生活由巫师来处理，原因是他能够作为一个桥梁与天和地交流，与神和人同时沟通。阈限性非常强的巫术，能够停留在一个阈限阶段，处于临界边缘的状态，跟神秘的大自然直接联系。为了表现他与别人的不同，巫师经常戴有动物或怪物特征的面具。

三、楚国文化的组合体怪兽：徐家岭墓葬出土的怪兽

（一）墓葬的整体情况

徐家岭位于淅川县南47千米的仓房乡沿江村，共有10座墓分布在岭上，9号墓葬形制最大，位于墓地的中间。[2]墓葬以前被盗过，从它的位置可以知道它是整个墓地中最重要的墓葬。另外，旁边出土的车马坑也证明9号墓主人的社会地位是最高的。墓葬出土的青铜器与雕塑反映出楚国人非常重视墓葬。因为墓葬里的礼器象征着主人在社会上的地位与身份。9号墓底东西长5.6米，南北宽4.82米，墓深12米。从盗洞内出土的绳纹板瓦、盆等当属战国晚期的遗物，该墓的被盗时间应在战国晚期。[3]虽然棺椁已经完全腐朽，但从残迹能看出本来有一椁三棺。关于坟墓的整体情况，艾虹的论文《楚墓镇墓兽管窥》描述了使用阶层的情况："从考古发掘来看，出土有镇墓兽的楚墓基本为具有一棺一椁以上葬具的大中型墓葬，最多达两椁三棺，按照当时的丧葬文化来看，其墓主的等级为士到封君之间。越是规格高的墓葬中所出镇墓兽的形制越复杂，使用的装饰手法也更为繁缛，在气势和精巧程度上均普遍高于士阶层的墓葬所出。"[4]按照考古报告的说法，虽然有一

1. 李琴：《春秋晚期楚国贵族墓出土青铜神兽赏析》，《文物天地》2015年第3期。

2. 河南省文物考古研究所（今河南省文物考古研究院）、南阳市文物考古研究所、淅川县博物馆：《淅川和尚岭与徐家岭楚墓》，大象出版社，2004，第173页。

3. 同上书。

4. 艾虹：《楚墓镇墓兽管窥》，《文物天地》，2015年第5期。

个墓被盗过，但墓的大体状况没有受到太大的影响，剩下来的陪葬品的摆放位置还比较清楚。礼器中的一对神兽置于椁室正中，另外还有椁室东部中的鼎、簠等礼器与南部的石编磬及铜镞。陪葬品总共有 2072 件，包括铜器（1276 件，包括礼器、乐器、车马器、兵器与杂器）、玉石器、金箔、海贝、鹿角等。

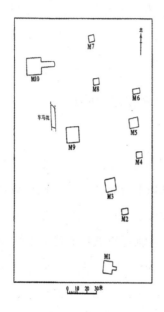

图1　徐家岭墓地墓葬分布图

图片来自河南省文物考古研究所、南阳市文物考古研究所、淅川县博物馆编著的《淅川和尚岭与徐家岭楚墓》，大象出版社，2004 年

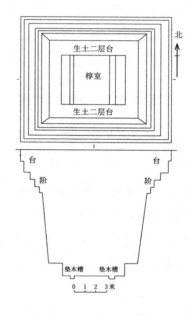

图2　9号墓平剖面图

图片来自《淅川和尚岭与徐家岭楚墓》

图3　9号墓底平面图

图片来自《淅川和尚岭与徐家岭楚墓》

（二）雕塑形式的描述

在9号墓中，除了酒具与礼器以外，坟墓的正中出土了一对非常漂亮的S形神兽雕塑，装饰性特别强，长46厘米，宽24.6厘米，高48厘米。这对青铜神兽雕塑作品是用商周已有的范铸方法铸造出来的。通过雕塑可以看出工匠高超的技艺，雕塑不仅使用铜，也加绿松石镶嵌。这一对作品外观形式基本相同，唯一的区别是龙头外扭的方向相反，现在一件收藏在河南博物院，另一件收藏在河南省文物考古研究院。

图4　S形神兽（公元前5世纪—公元前4世纪）

这一对公元前5世纪至公元前4世纪的雕塑是两只外貌在老虎与龙之间的混杂怪兽的形象，脚比较接近乌龟，所以笔者把它称为"组合体怪兽"。头上长的六角是六条蛇，腰的中部突出着一个方形的支架，上面又是另一个既有老虎的特点，又有龙的特点的动物，嘴巴中突出着一条类似于S形的龙。这是一种非常特殊的形态，它不但是组合体怪兽的一种新表现，也是给整个雕塑提供新的平衡的元素：原本头部是雕塑唯一比较高的部分，加上从腰部突出的支架与龙形动物，整个雕塑的结构得到了平衡。（整体结构接近于背上长着羊头的凯米拉，但是在具体的实现方式上有所不同，没有办法确认两者是否有交流。）

楚国怪兽的耳朵是两朵花，这就说明楚国人充满着浪漫精神和无限的想象力。他们把自然的世界与想象的宇宙结合起来，把平时人人都能够看到的花与老虎、神秘的龙放到一起，寻找新鲜的艺术形式，实现了集合不同美丽的理想，是追求阈限性的表现。中国古代艺术一般认为皮毛带有花纹的动物是老虎（这里的花纹包括抽象的盘旋以及较接近鸟类的样式），但是雕塑本身的长脖子、长舌头、背上突出的蛇形动物都比较接近于当时包括之前周代青铜器兽面纹的图像：从龙、蛇的身体上突出另外一条龙、蛇，产生盘旋形的装饰。这在周代的青铜器中最多是一种平面上的表达，而怪兽雕塑是立体上的表达，但是从一个蛇形身体上突出其他蛇形的身体，这个概念并没有改变。

邓秋玲认为，楚国怪兽不论从外貌、形体或做人立状姿势看，都证明是一种具象的类熊动物。熊最早是楚人的崇拜物，被视为楚人的保护符。楚人在兼具宗教功能的铜镜上来表现这种类熊的动物：一是源于祖先崇拜；二是熊强壮，力气大，可以驱鬼御敌；三是楚人将铸有类熊动物的铜镜作为随葬品，有驱黑暗、镇鬼魅、祈求保护的作用。虽然笔者认为本文描述的楚国怪兽的外貌与熊的样子毫无关联，但是它还保留着邓秋玲所提到的祖先崇拜、尊敬图腾、靠近巫术的原始意义。

（三）雕塑的功用

假如忽略作品的具体功能而把它看成一个完整的雕塑，这一对怪兽可以被认为是纯粹的镇墓兽，在坟墓里面如汉代怪兽一样起到辟邪的作用。李淞在《中国道教美术史》中提出和尚岭怪兽的座上出现"且执"两字，也就是"宛奇"，是食鬼之神，希望死者不被恶鬼打扰，符合辟邪的功能。

除此以外，河南博物院藏的怪兽雕塑还有另一层面的功能：它的左侧后边突出一个方形的纽，说明雕塑是一个支架底座。当时音乐在礼仪上被运用得相当广泛，而且同时期被发掘的带纽的怪兽已经被证明为乐器支架底座，所以可以推测它也有这个功能。艾虹在《楚墓镇墓兽管窥》里描述楚国木头漆器怪兽的功用时也证明这一点："楚墓镇墓兽一般由底座、兽身和鹿角三部分套榫拼装而成。两只鹿角插于兽头头顶两侧的木孔内，兽身插于木质底座上的孔内。"[1]

图5　9号墓出土的铜怪兽

图片来自《淅川和尚岭与徐家岭楚墓》

坟墓中被找到的冥器多是专门为墓地而创造的，并不是墓主人日常生活中所用的。楚国人习惯在坟墓中使用组合体怪兽的主要原因可以与"过渡仪式"联合起来：在坟墓中的阈限空间带有一定的模糊性与不稳定性，一个集合不同动物特点的怪兽完全符合这种环境和气氛。人们解释不清楚死亡这个概念，很自然就会把它跟一个组合体、多含义的图像想象在一起。

（四）文学与思想对楚国艺术的影响

除了象征楚国人对死亡的模糊认知以外，艺术品能够展示出时代思想方向的发展：当时道家思想已经进入发展阶段。《道德经》有"道生一，一生二，二生三，三生万物"之说，从大的龙虎的身体上突出小的怪兽，小的怪兽又突出更小的龙，也可以通过这个概念来理解。大自然是不断变化的，怪兽

1.　艾虹：《楚墓镇墓兽管窥》，《文物春秋》，2015 年第 5 期第 13 页。

的一个部位能够变成一个新的怪兽，它身体的某一部位甚至能变成绽放的花。

《山海经》被认为是成书于春秋战国时期。这本书通过想象各种旅行的方式去记录不同怪兽，表现了人类的想象力及对外在世界的好奇。因为春秋战国时期是一个比较浪漫、特别重视想象力的时代，所以在当时才会出现《山海经》，以及怪兽雕塑这么奇幻的题材，这在稳定的周代社会是不可想象的。《山海经》的两处描述与我们所分析的楚国的怪兽特别接近。第一处在《南山经》："又东五百里，曰浮玉之山，北望具区，东望诸毗。有兽焉，其状如虎而牛尾，其音如吠犬，其名曰彘，是食人。苕水出于其阴，北流注于具区。其中多鳖鱼。"[1]

另外一处在《西山经》则把注意力集中到怪兽的吉祥意义。该篇原文道："又西三百五十里，曰玉山，是西王母所居也。西王母其状如人，豹尾虎齿而善啸，蓬发戴胜，是司天之厉及五残。有兽焉，其状如犬而豹文，其角如牛，其名曰狡，其音如吠犬，见则其国大穰。"[2] 这一段描述的恰巧是特别善良的神兽，甚至把它与西王母放到一起。这种吉祥的动物就已经完全包含着中华文化后来如麒麟等好怪兽的特征。两种不同的描述（也可能出现在《山海经》其他的文章里）都能够在楚国组合体怪兽的身上有所体现，它可怕与可爱的两面同样给死者带来安宁。

另外，在《楚辞》中也有充满想象力的世界，《招魂》道："虎豹九关，啄害下人些。一夫九首，拔木九千些。豺狼从目，往来侁侁些。悬人以娭，投之深渊些。致命于帝，然后得瞑些。归来！往恐危身些。魂兮归来！君无下此幽都些。土伯九约，其角觺觺些。敦脄血拇，逐人驱驱些。参目虎首，其身若牛

---

1. 译文："从句余山再往东走五百里有座山，叫作浮玉山。这座山北边可以眺望到太湖，东边可以眺望到诸毗水。山上有一种野兽，身形像虎，但长着一根牛尾，它的叫声像狗吠。它的名字叫彘，是一种吃人的野兽。这座山的北坡有一条小溪流出，这条小溪名叫苕溪，向北流去，最终流进太湖。苕溪中生长有很多鳖鱼。"这处描述强调怪兽的凶恶，它能给人带来的伤害。

2. 译文："再往西三百五十里有座山，叫作玉山，这里是西王母居住的地方。西王母的身形像人，长着豹尾、虎牙，并且善于长啸，蓬松的头发上戴着玉胜，它掌管着天下的灾祸及五种刑罚残杀之气。山中有一种怪兽，名字叫狡，它的身形像狗而身子上长着豹子的花纹，它的角像牛角，它的叫声如同狗叫，它在哪一个国家出现，哪一个国家就将大丰收。"

些。此皆甘人，归来！恐自遗灾些。"[1]

虽然这里梳理了相关的文字记载，但是需要记住，中国古代的图像不一定表现某一部文献的文字内容，这里引用记载的主要原因是建立大体的文化背景，强调当时在整个社会中怪兽的普遍性与重要性。雕塑作品到底象征哪一个具体的怪兽，恐怕当时的工匠也不会考虑，更多的是考虑一种类型与概念。概念上的主要特征与阈限性相关。

四、楚国怪兽的意义

（一）楚国怪兽的前者：猪龙与兽面纹

春秋战国时期之前，在中国的上古时期，已经有一个悠久的怪兽传统：在红山文化中，已经能看到一种 C 形的小雕塑，形象又像猪又像龙（身体接近蛇），高 11 厘米。猪龙与早期的鱼鸟一同作为中华文明最早的礼器，也就是说它没有直接的用处，但有象征的意义。

猪龙雕塑是部落图腾的符号，是神的符号或者死者的保护动物，是和当时部落生活密不可分的动物。它在山东和辽宁一带出土，原来放在死者的胸部，象征着主人的权力与社会地位。这样的墓主人很可能是部落的酋长兼巫师，他有沟通天与地、人与神的职能，玉猪龙就是主人的通灵之物。猪龙就是后来辟邪与各种怪兽的萌芽。玉猪龙的材料为岫岩软玉，头和耳朵都很大，身体首尾相连成团状，背部对钻圆孔，面部以阴刻线表现眼圈和皱纹，形象与猪的胚胎很相似。

如果用线穿过猪龙的小洞，再把它挂在墙上，它是平衡的，说明当时的人特别重视这个物品，特别讲究它的设计。红山文化在燕山以北大凌河与老哈河上游宜农宜牧的农牧交错地带发展，这个文明的发展主要靠农业，所以猪很自然地被部落重视，它是部落生存的重要物资。

---

1. 译文："九重天的关门都守着虎豹，咬伤下界的人尝鲜。另有一个一身九头的妖怪，能连根拔起大树九千。还有眼睛直长的豺狼，来来往往群奔争先。把人甩来甩去做游戏，最后扔到不见底的深渊。再向上帝报告完毕，然后你才会断气闭眼。回来吧，上天去恐怕也身遭危险。魂啊，回来吧！你不要下到幽冥王国。那里有扭成九曲的土伯，它头上长着尖角锐如刀凿。脊背肥厚拇指沾血，追起人来飞奔如梭。还有三只眼睛的虎头怪，身体像牛一样壮硕。这些怪物都喜欢吃人，回来吧。恐怕自己要遭受灾祸。"

从商代的青铜时代开始，甚至从江苏武进寺墩出土的良渚文化玉琮开始，一直到周代生产高级青铜器的顶峰，中华礼器的装饰上一直出现着一种非常重要的怪兽纹，叫作兽面纹（以前也叫饕餮纹或者龙纹），形象特别接近于巫师所戴的面具。如果把图案分成两半去分析，它是两个相对的侧面怪兽，兽面以外的空间充斥着密密麻麻的盘旋纹，就像是从怪兽本身长出来的尾巴、角、翅膀等。兽面纹的形态千变万化，但总以一双大眼睛的形式呈现。

兽面纹不一定代表饕餮，而更多地代表一个抽象的种类，但是关于饕餮的记载还是值得参考，对了解整体的环境有所帮助。关于饕餮，在《吕氏春秋·先识览》里有记载："周鼎著饕餮，有首无身，食人未咽，害及其身，以言报更也。"《山海经·北山经》里面也出现过类似的怪兽："又北三百五十里，曰钩吾之山。其上多玉，其下多铜。有兽焉，其状如羊身人面，其目在腋下，虎齿人爪，其音如婴儿，名曰狍鸮，是食人。"

到目前为止，对于饕餮有着不同的解释，它一方面被认为是给人带来恐惧的恶兽，另一方面被认为能够让外在的邪恶不再打扰人。两个概念并不矛盾，所以说饕餮（也包括原来红山文化的猪龙和后来汉代的辟邪），象征着整个怪兽的体系，主要是把恐惧和优雅融合起来了。它叫参观者既喜欢又害怕，它能够同时引起人们的好奇与畏惧。就是因为它阈限性较强，才能够成为权证的符号与宣传的媒介。

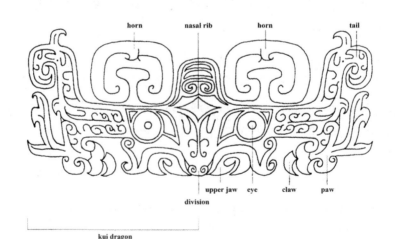

图6 战国青铜器兽面纹的结构

每一个部落都有其特别重视的动物，被选出的动物要么是与部落的日常生活有密切关系（比如说牛或猪）；要么是部落认为特别神秘、漂亮的动物；要么是两者的融合，也就是既带有与平民日常生活有关的动物的特征，又带有陌生、神秘甚至可怕的动物的特征。在这种混合的情况下，出现的即是组合体怪兽。在淅川徐家岭楚墓出土的怪兽同样也包含这几个方面的特征。

（二）通过过渡仪式的理论来看待雕塑

葬礼是一种过渡仪式，过渡仪式按特纳的理论应该包括前阈限阶段（分离期）、阈限阶段（转型期）以及后阈限阶段（重整期），死者通过仪式离开共同体进入到后面的阶段，但是因为死后阶段已经无法被人们所认识，所以保持无限的阈限性。就是因为墓葬保持模糊的状态，停留在阈限阶段，所以能够用认知异常（组合体怪兽）予以象征。

（三）楚国组合体怪兽与阈限性的关联

总结楚国组合体怪兽在上面提到的作用，笔者认为其主要的特征离不开阈限性。除了具体的实用功能以外，也就是说雕塑作品有乐器支架的用处以外，本文更多关注的是组合体怪兽满足精神的需求与社会制度的需要方面的功能。下面是学界提到的组合体怪兽的主要作用，强调它多方面跟阈限性的联系。

图 7　组合体怪兽的作用

五、战国时期的怪兽

（一）楚国漆器与其他材料的怪兽雕塑

战国时期楚国也出现了另外一种组合体怪兽，它用髹上油漆的木头制成。周墓出土的彩漆镇墓兽，斫木胎，眼睛非常大，口吐朱漆长舌，双目外凸，兽头上插双角。通体髹黑红漆，绘朱、白彩纹。此种镇墓兽是除了楚墓以外其他战国墓中不多见的特殊之物，具有鲜明的地域特点和时代特征，战国早期的楚墓中也有，但数量很少。在漆器发达的战国中期，楚国镇墓兽的数量最多，到战国晚期又很少见。楚国能够发展这种高级技术的原因有两个：第一，楚国处于江水之畔，多有漆树，也盛产竹、木（油桐），这是别的地区所不具备的自然优势；第二，楚国漆工艺的技术和艺术的发展有一定的历史继承性。楚国具有制造漆器的优秀传统，这从楚国地域出土的大量考古材料中可以得到印证。楚国漆器最普遍的造型是动物，包括虎、豹、鹿、蛇等形象。

另外，漆器上装饰的动物纹样，主要有龙纹、凤纹、兽面纹、窃曲纹、兽纹等，它们相互组合。至战国时期，动物纹样更为丰富，变形凤纹、辟邪纹、蟠虺纹开始出现。这些纹样，在器物表面加饰彩绘花纹，富于变化。除此之外，还有几何纹（常以点、面、线的形式组成图案，主要有涡纹、方形纹、卷纹、三角形纹、弧形纹、山字形纹、云纹、圆点纹等）和神话灵兽。其数量上的消长变化应与当时漆器的发展趋势及楚国兴衰的历史相辅相成。秦汉以后，这类器物逐渐消失。

图8　楚国（战国时期）彩漆镇墓兽
高 128 厘米　河南信阳楚墓出土

（二）同一时期不同地区的组合体怪兽

在中国的西部出土了一个形象非常特殊的组合体怪兽，叫作"神秘兽"，现收藏在陕西历史博物馆，这一作品创作的时间与楚国怪兽雕塑的创作时间比较接近。它就是将不同动物的身体部位汇合起来，形成一个新的组合体怪兽。鹿角、马身、大眼、鸟嘴、鸟尾，身上覆盖着给雕塑整体带来强烈动感的盘旋花纹。这种综合体怪兽一般认为是把其他不同的部落打败了，把他们统一了之后，统治者把不同的图腾符号汇合起来变成的一个新的组合体怪兽。

图 9 神秘兽（战国时期）

高 11.5 厘米 陕西历史博物馆藏

六、结语

考虑楚国怪兽雕塑在当时社会所起到的作用，其主要目标是理解死亡和认可死亡给整个社会带来的转变。汉代辟邪的形态跟楚国怪兽的形态有所不同，但在概念上有共同点：作为坟墓的保护者，一对神兽立在神道的两侧避免邪鬼进入神地。它们站的位置是一个"过渡"的地区，门口走廊正属于特纳描述的阈限阶段：空间上与时间上都需要一个过程才能进入神地。这个空间带有危险性、不稳定性，所以需要辟邪（包括后来流行的天王也有类似的辟邪功用，但不再用动物的形态）来完成"傩""驱魔"的任务。

在当时的楚国，传承了红山文化把怪兽放在坟墓中的习惯。坟墓象征人死必须要通过的廊道，路上需要的东西都要在坟墓里为死人安排好。为了更好地面对新的路途，人们需要神兽来保护他们。

　　社会很难接受生命的未定性，所以需要通过某一种仪式去解决死亡的难题。墓葬里出土的雕塑不但是社会等级的符号（主人是社会地位较高的人），还表达了礼仪中音乐的重要性。中国古代一直到现代，寺院的门口都会放有怪兽或天王来辟邪。因为这些特别具有阈限性与混杂性，其形态不可能完全符合大自然，所以才变成组合体。就是因为外表怪，怪兽与天王才能与天上的世界直接联系并且帮助死者走进未知世界的大门。

一个伊朗人眼中的中国文化

中国人重视规律，

伊朗人重视清洁。

EMAM SEYED JALAL（扎拉德·伊玛目，中文名：家乐）

　　家乐出生在伊朗亚兹德的一个传统家庭，读高中时开始学习伊斯兰教的教法与教义，后又在一所大学学习历史，在伊朗读完了本科和硕士。读硕士期间，他在另一所大学任教，学生都是外国人，包括几个中国人。在与中国学生接触时，他对中国产生了强烈的好奇心，于是决定到中国研究中国文化和中国历史。硕士毕业后十几天，他就到了华中师范大学，先学了一年汉语，然后开始读博士，研究方向是中国近现代史，博士论文是《波斯语对中国回民文化的贡献》。读博士期间，为了调查回民文化，他去过新疆、甘肃、青海、宁夏、陕西、山西、四川、云南、河南、河北、江苏、福建、浙江、广东、广西、内蒙古等省（区）。2013年1月博士毕业后，他在西安外国语大学波斯语专业任教。

首先很感谢贵阳国学大讲堂的邀请，尤其感谢李宽定教授。作为一个伊朗人，我非常高兴今天有机会给尊敬的观众讲一下我眼中或者说伊朗人眼中的中国文化。一个艺术家来到中国，他的所见所闻都是和艺术有关的；一个建筑师来到中国，他所关注的都是和建筑有关的。每个人看另外一个国家的文化的时候，都会用自己的眼睛去看，从自己的角度去理解。作为一个外国人，我也是这样。我是一个热爱文化研究尤其是信仰研究的人。文化研究是我个人的爱好，特别是在信仰方面。这个爱好有可能是源于我的经历和生活背景：我来自一个很重视宗教的国家，在一个传统的家庭长大，此外我还学过伊斯兰教历史和信仰相关的知识。

我今天给大家讲的内容包括两个部分：第一是伊朗人眼中的中国文化，包括过去的和现在的；第二是我个人眼中的中国文化。简单地说，我眼中的中国很美、很好。

一、古代伊朗人眼中的中国

正如人们所知，伊朗和中国都是世界上最古老的国家之一。两国很久以前就建立了政治和经济关系，进而带动文化交流，公元前 100 多年双方的官方联系就开始建立了。无论是伊朗政府和商人，还是伊朗人民，都知道中国。两国商人很久以前就有来往，他们的来往让两国人民更加互相了解。我可以向大家介绍几本书，里面包含了古代中国的许多信息，可以说我们伊朗人的祖先是通过这些书籍认识中国的。

公元 851 年，伊朗商人苏莱曼的游记就有关于中国的信息，他是从波斯湾的斯罗夫港口出发，乘船沿海上丝绸之路，途经印度，到达中国广州，并记录了自己的所见所闻。其见闻被他的一位历史学家朋友记录于《中国印度见闻录》而得以保存下来。书中描述了当时中国广州港口的状况，该书现已被翻译成多种语言。这绝对不是伊朗人第一次来到中国，但是这本书是伊朗人的第一本关于中国的游记。古代伊朗人大多是通过这本书了解中国的。

另外一本书是菲尔多西（940—1020）的作品《列王纪》，它是伊朗的一部波斯语的英雄诗合集，菲尔多西在书中多次提到了中国。这本书是波斯文化的重要英雄史诗，是波斯文化重要的支柱，里面包含许多独一无二的历史信息，尤其是有关中国的内容。这本书好几次赞美并且特别强调中国的皇帝、领土、艺术、绘画、寺庙、士兵和当时的一些产品包括丝绸、盾、服装等。比如：命令用中国的丝绸装饰宝座；还有因为某天某个仪式的需要，某人从中国带来了很多丝绸等布料铺在地上。又比如对于中国幅员辽阔的赞美，等等。其中的依据可能是来自商人的口述，也可能是来自前人的记述，这些目前已无法考证。

有趣的是在波斯历史资料中，菲尔多西提到了"天子"这个词，好像他们都知道了中国的历史和文化。皇帝被称为"FAGH PUR"，FAGH 的意思为"天"，而 PUR 的意思为"子"。

拉施德丁（逝世于 1318 年）是当时伊朗非常著名的政治家和历史学家，他写的《史集》里提到了中国非常悠久的传说和历史，有趣的是当时在中国却没有关于伊朗的记述。拉施德丁从最早的中国写起，也写了传说时代的故事。

此外，在 1420 年，伊朗处于帖木儿帝国时期，而中国处于明代，两个国家友好往来，通过使臣互通书信。曾有 500 个人作为帖木儿帝国的使者，自阿富汗出发，经哈密、张掖、兰州、西安、渭南、石家庄等地，到达北京。回到张掖的时候发现路上有点不安全，于是他们从新疆的南边走，沿着塔里木盆地的南部，经过伊犁到达现在的塔什库尔干塔吉克自治县，而后进入塔吉克斯坦，再从塔吉克斯坦南部进入阿富汗。毫无疑问，这些人带来了中国的政治、经济、文化、社会、道德各个方面的信息。他们的往返历时两年又两个月，其中在北京待了五个月，长时间的旅行使他们更加了解中国。他们记录了当时中国的政治、经济、文化等各方面的状况。因为他们是使者，所以天天都有机会在皇宫亲眼看到中国的正式仪式。使节中的 GHIASODIN 于 1420 年写成了一本游记，对于研究波斯跟中国的关系非常重要，这本书已经被译成了中文，大家可以把它当作研究材料阅读。

另外还有一本成书于 1517 年 ALI AKBAR KHATAYEE 的游记。在 16 世纪，伊朗人民除了向丝绸之路上的商人了解中国之外，还能通过这位大臣的游记来了解中国。还有一个伊朗人叫 SEYED MAHDI FAROKH，他 1948 年来到中国，是当时伊朗驻中国的大使，也写了一本游记 *YEK SAL DAR CHIN*，那时中国共产党还没有完全解放中国，他在这一年经历了中国的内战，并将他所见的战争记录下来。在那时，这位驻中国的伊朗大使坐船从波斯湾的港口出发，在印度洋上沿着伊朗、巴基斯坦的南部海域，来到了印度的西部海域，沿着印度的西海岸一路向南，通过保克海峡进入孟加拉湾，来到马六甲海峡，经过休整补给来到了太平洋，沿着越南东海岸一路向北来到了当时英国殖民统治下的香港，从香港坐飞机辗转来到上海，到达上海之后乘坐汽车来到了当时中华民国的首都南京。在此之前的很长一段时间，中国跟伊朗没有任何外交关系。他到达中国后的一年里，中国共产党解放了全中国，建立了中华人民共和国，他作为伊朗驻中华民国的大使被遣返回国。

1980 年，伊朗学者 ESLAMI NODUSHAN 受到北京大学的邀请来到中国，在中国期间，他著成游记 *KARNAMEH SAFAR CHIN*。1980 年的中国正处于改革开放的初期，这位伊朗学者被中国的改革所吸引，就把看到的一切记录了下来。那时的改革不像今天的改革这样广泛、有深度，但是也独具特色。在书中，他说到了当时人们的穿衣风格还是像改革开放之前那样；说到了当时的社会风气，城市街道上都是整整齐齐的，人们出行都是使用自行车。

过去，没有来过中国的伊朗人主要通过这些书来了解这个国家。这些书籍在很大程度上是伊朗人了解中国的一个重要窗口，让伊朗人对中国这个神秘的国度不再感到陌生。所以，当你们去伊朗的时候，想了解伊朗人眼中的中国时，就可以参考这些资料。值得注意的是，还有一些伊朗人是在经商的过程中了解中国的。丝绸之路绝对是历史上一个交换信息的巨大渠道。

那在这些作品里中国是一个什么样的国家呢？中国的哪些特征被突显出来了呢？伊朗人把中国视为"绘画之国"，伊朗人现今都普遍这样认为。关于"绘画之国"这个称呼，世界上的历史学家有很多不同的看法，到底是中国称伊朗为绘画之国，还是伊朗称中国为绘画之国，还有待考证。因为伊朗在 3 世纪时有个很有名的自称先知的人叫摩尼，他在绘画上非常厉害。他在伊朗传播他的宗教，曾经到过中国，现在能够查到他在历史上留下的足迹。这个先知在绘画方面有着很高的造诣，所以便有一些人说，中国人曾向伊朗人学习绘画。有一些人还说，有人在画外形上很厉害，有人在绘画的色彩方面很厉害，意思就是，中国人和伊朗人在绘画方面是各有所长的，因为两国都是文明古国。除此之外，是谁来到中国，发现中国人在绘画方面很厉害，把中国看作绘画之地的呢？就是我刚才在前面提及的在 1420 年来到中国的那个使节 GHIASODIN。他说，在中国有一条路，在那条路上很多人都在画画，他从那里匆匆经过，拜访皇帝，返回的时候再次经过这条路就发现，路边挂着他的画像，惟妙惟肖，栩栩如生，那些人在如此短的时间内就画出了他的画像。

还有波斯的著名诗人鲁米在很多诗中提到中国人的绘画艺术。在诗中他曾这样写道，有一天中国人和罗马人展开了争论，中国人说我们在绘画方面是十分厉害的，罗马人说我们是更聪明的，后来波斯皇帝说我要试一下看看。另外一个波斯诗人欧哈迪在一首诗中说，你那么漂亮，没必要让中国人来为你化妆！阅览波斯诗集时还会看见一个非常有趣的词"BOTE CHINI"，意思是"中国的偶像"，其实就是中国的美女。想去形容一个美女时，波斯诗人用这个词来表达这种意思。因为中国人在化妆方面有高超的技艺，能将女子化妆成偶像一样。

伊朗给中国的另外一个称呼是"传说之地"。其实伊朗也是一个古国，也有传说，但是与中国相比较，伊朗的传说故事不管是在数量上还是在内容上都是相差甚远的。在中国有无数的传说故事，例如《西游记》的故事，《封神演义》的故事，夸父追日、精卫填海、女娲造人、女娲补天、盘古开天辟地和后羿射日，等等。目前中国的许多电影都是依据中国的传说改编的，这成为中国电影的一大特色。

伊朗人对中国还有一个称呼就是"大而远的地方"。比如许多的波斯诗人想形容一个大的地方，就会说中国，或者他们想说一个地方很远很远时，他们就会说那个地方像中国一样。我们的先知穆罕默德有一句很著名的话，大家应该都听说过，"知识即使远在中国，亦当往求之"或者"学问，虽远在中国，亦当求之"。学习是非常重要的事情，人应该努力地寻找真知，哪怕要跑到十分遥远的中国。伊朗非常有名的诗人海亚姆在一首诗中说："一杯酒的价值等于中国领域。"很显然，诗人想去形容酒的价值就像中国这样一个大大的国家。另一个例子是，鲁米说"在罗马切开一个苹果，它的味道会到中国"，意思是这个苹果的味道会飘到很远的地方。

伊朗人还把中国看作是"陶器的来源"。波斯语称中国为 CHIN，这是由"秦"音译来的。我们把陶瓷叫成"CHINI"，而波斯语里将中国人同样也叫作"CHINI"。可以说在波斯语中"CHINI"涵盖着两个意思：一个是"来自中国的人"，另一个是"来自中国的东西"。因为在古代，波斯进口的中国产品很多是陶瓷，所以在波斯语中，一说 CHINI 就会想到陶器，即使 CHINI 一词还包含来自中国的其他产品的含义。

中国也被我们叫作"丝绸之地"，因为中国盛产丝绸，并且有许多出口至伊朗，原因比较简单，所以我就不在这点上赘述。

我们还把中国看成"麝香之地"。中国古时盛产麝香，而麝香在伊朗广受欢迎，所以中国才有了这个名号。古代大约在中国新疆的南部，那里有一种鹿（林麝或马麝），肚子里有一种很香的东西，把它进行加工以后出口到伊朗，有着很大的市场，伊朗人大多非常喜欢，所以在一些伊朗古诗中会有类似于"如此芳香的姑娘是否来自中国新疆"的表达。新疆美女众多，我们一般会在诗句中这样形容姑娘很美。

提及波斯文学中的中国，在这里很有必要提到波斯诗尤其是经典诗里的中国，绝对是很有趣的。在我们伊朗，除了把中国叫作"CHIN"以外，还有一种叫法是"CHIN O MACHIN"，这个叫法的意思是"CHIN 和 MACHIN"，在中文里的意思就是"中国和中国的附属国"。之所以会产生这种叫法，是因为在古代的伊朗，人们都不知道中国具体的边境和中国具体的领土大小，也不知道中国有什么样的人种和属于中国的海岸与山脉有哪些。伊朗人对中国还有另外一个称呼——"KHATA"，现在在伊朗还有很多人使用"KHATA"这个称呼，非常有趣。这里的"KHATA"，应该是中国辽代的称呼。

那上述所说的 CHIN 和 KHATA 有什么意义？它们在波斯语中又有什么表现呢？波斯语中的"CHIN"，除了有"中国"的意思外，还有其他的意思。其中一个意思为"卷、皱"，比如衣服上的褶皱是"CHIN"，脖子上的皱纹是"CHIN"，头发卷曲不直也叫作"CHIN"。伊朗诗歌有一个很大并且独特的特点，那就是很多伊朗诗人作诗的主题是爱情，而在好的诗句中往往会有多个同形而不同义词语的出现。在诗歌中如果能够将两个"CHIN"放在一起，自然也会增色不少。比如说，姑娘头发卷曲会被认为是美丽的象征，再加之来自中国特别是新疆，更会被冠以"美女"之名。我们有这样一句表达："这个姑娘如此美丽，卷头发的（CHIN），是来自新疆（CHIN）吗？"通过两个"CHIN"形容了姑娘很美，如果用波斯语朗读诗句更会朗朗上口，十分动听。鲁米还曾说"那卷卷（CHIN）的头发如果被风刮起来的话，一两百个中国（CHIN）会丢在她头发里"，表示她的头发很卷很美。

另一个波斯语单词"KHATA"同样有两个不同的意思，一个是中国，一个是错误。伊朗诗人也常常将这两个意思放在一起进行创作或表达，比如："我偷偷地犯了很多错误（KHATA），但希望有一天与一个中国（KHATA）姑娘一起犯错（KHATA）。"这句诗，浪漫且动听，富有极高的文学性。还比如："那个逃跑的中国朋友（KHATA），一天终于回来承认自己犯了错误（KHATA）。"欧哈迪在一首诗中说："虽然我的同伴是中国的（KHATA），但是看她没什么错误（KHATA）。"诸如此类的表达还有很多，都是把两个"KHATA"很好地结合起来。如果亲自阅读波斯诗歌的话会有更深的感悟，原因不仅在于可以自己寻找与研究，更在于通过阅读能够感受词句的应用，体悟出波斯语诗歌之美。

二、现代伊朗人眼中的中国

这样看来，古代伊朗人眼中的中国不乏美女，盛产麝香、丝绸等名贵之物，不仅大，而且远，似乎在他们眼里中国的优点无数。而若是问现今的伊朗人如何看待中国，他们一定会脱口而出，中国是"劳动之国"。伊朗的女性以前基本不工作，只是待在家里管理家里的事情，承担培养教育孩子的责任。在伊朗尤其在过去，每个家庭最少有五个孩子，所以家里的事情可不少。伊朗的女性最近才开始进入社会工作。伊朗男性虽然劳动却并不想投入过多，无论是时间或者精力。但是在中国，凌晨两点依然有女性在建筑工地或其他领域工作，并且女性和男性可以共同从事一项工作，这在伊朗是不太可能发生的事情。来到中国的伊朗人看见这个现象都感觉奇怪。伊朗女性最多只担任教师、医生、护士等，每天工作五六个小时，但是在中国，驾驶大巴、搬砖等很艰苦的工作都不分男女。我们除了无法接受男性、女性在一起工作，还无法认同每天劳动八九个小时。我认为在伊朗平均一天有效的工作时间可能只有3小时，但在中国一定不止这个数字。你们或许不会相信这些，但并不止我一个伊朗人有这样的观点，一些因各种原因来到中国的伊朗人都有同样的感受。我身边有很多伊朗人，他们都认为中国人非常辛苦，无法理解为何每天为了工作需要付出那么多。是因为人多，生活压力大，还是其他什么？这样工作有好处也有坏处，坏处之一便是会影响家庭和孩子的教育。

现代伊朗人眼中的中国也是"易建遗址之国"。这个特点初看上去似乎不太好理解，我用伊朗人有时开的一个玩笑来解释，他们会说："现在中国人可以在很短的时间，甚至是一天之内修建出一座文化遗址。"不知道你们是否注意到这一点，我想说一段我之前的经历。我们学院里负责外教的老师每隔一段时间会带我们去一些离学校较近的地方看一看。有一次我们路过某个地方，那位老师告诉我们这个地方正在修一座名胜古迹。我当时非常吃惊，因为那里什么都没有，一副大自然丝毫不曾被开发过的样子，怎么会有名胜古迹的存在？我下去询问，得知在元代那里是一条从内蒙古到广东的路，并因曾有某位皇帝经过而闻名，现在他们想恢复那条路，于是他们便选定在那块地方开始建遗址。

另外一个我要提的是，有时候伊朗人谈到世界未来的"领国"，会讨论是不是中国将成为世界最强的国家。如果是，那会怎么样？中国好还是现在的美国好？这个问题看起来和文化没有太大的关系，而是政治的问题，但是我觉得中国如果有一天变成世界最强的国家，也会因为中国文化的特征，不会威胁世界的安全。但是有一个前提条件，就是新的一代不能忘记中国的过去，不能忘记中国文化的基础。

三、我个人眼中的中国

我来中国8年了，在这些年里时时刻刻都在观察中国的文化习惯、生活方式。很多时候会将两国人民的行为举止作比较，尤其喜欢从历史和文化方面比较，因为我学过历史、文化和信仰相关的知识。我的家乡在伊朗中部，我来自有沙漠、骆驼、坎儿井、火坑、馕并且热而干燥的地方。我在中国总体来说不觉得陌生，因为两国都是东方国家；但是二者差异也不少。刚到中国时，我发现最大的差别是在自然和饮食方面。我非常喜欢中国的山水，长江、黄河、珠江等河流很值得欣赏。刚到武汉市时，外国人很少，尤其像我一样带家庭的、有一个漂亮女儿的外国人几乎没有，所以我的小女儿在街上、超市、餐厅、公交车等公共场所很受欢迎。我感觉在中国生活非常轻松，不会感受到陌生，然而我在欧洲的朋友绝对没有这个感觉。

不管中东哪个国家的人，来到中国一看到中国人做饭会惊呆的，中国人的做饭方式在伊朗绝对是找不到的。小麦在两国都是主食，可是中东地区的人都把面团放在火坑里烤着吃，中国人则蒸着或者煮着吃。这些差异过一段时间是能理解的，毕竟各个民族都有自己的特色，但是有一些差别是难以理解的。我在这里尽量把两国文化对比一下，从基础和表现方面说几点。

从我个人的角度来看，要比较中国和伊朗这两个国家，我得出的结论是："中国人重视规律，伊朗人重视清洁。"这并不是一两天之内草率得出的结论。我在中国生活了这么长时间，我发现：伊朗人非常重视清洁、干净，而中国人非常非常重视规律。以我个人为例，我每隔两到三天要用抹布清洁一次桌面。今天没来得及清扫，那没有关系，我可以明天、后天再打扫。但是我去中国的很多地方，发现一些大家可能没有发现过的现象：餐馆、学校、办公区等地方会按时——比如每天八点打扫卫生。打扫卫生的固定时间很重要。很多公司的员工每天穿着统一的服装上班，统一比什么都更重要。正如大家所知，伊斯兰教是非常注重清洁和卫生的宗教。比如说，伊朗人上厕所时一定要先洗手。其实这样的例子有很多，因为我们伊朗人非常重视这一点。再比如说我们伊朗人如果不小心把手擦破皮出血了，我们一定要用水把手上的血洗干净，而不是随意把血擦在衣服上。要是把血蹭在衣服上，那么这件衣服就不能穿了，更不能穿着它进入清真寺做礼拜，因为血在伊斯兰教中是非常不洁净的东西。所以我们在中国的时候，会去比较干净的西餐厅吃饭。普通的饭店炒菜时油烟很重，一般是不太干净的。这对于一个外国人来说，都是实情。

我说另外一个例子，中国的军队，每天都要练习站队列，或者举行一些相关的仪式。伊朗人很喜欢看中国军队站队列时的照片，因为中国军队比其他国家的军队要整齐、正式。

我想出现上述现象的主要原因是中国人很"制度化"。"领导"这个词在中国是常听见的，比如"我的领导这么说""我的领导那样说"。

我眼里另一个中国文化的特征就是"中国人是热爱社交的群居民族"，而伊朗人不容易与他人建立关系，伊朗人是很独立、很在乎自身的。我对中国人的观察、研究大多数是在坐火车旅行时进行的。中国人一上火车，就立刻开始交流，什么新奇的事都聊。但是换作伊朗人，他们可能就不太会选择和你说话。我曾在之前的游记中提及，中国人一旦聚在一块儿，就很容易带动起交流的气氛，用很和蔼的态度对待别人。但伊朗人动不动就会有很激烈的反应，情感外露。我听很多伊朗人说我们是"从小踩地毯长大的民族"，因此一般比较看重自己。这个热爱社交的特征有可能是因为中国人"不太客气"。世界上各种语言都有一些客套话，有可能你们认为中国在这方面是算第一，但是我想跟大家说并不是这个样子的。如果把中国文化、伊朗文化和西方文化作比较的话，中国会位于中间。西方人"不太客气"，客套话非常少，中国人的客套话比西方多，可是不如伊朗的客套话多。

家庭是中国人的重要特征，在中国，家庭是非常重要的，以至于叔叔、阿姨及他们的孩子，每个成员都有专用称呼，但是目前这些词汇正处于被遗忘的过程中。

还有一个我很难理解的事情就是中国家庭中三个人分散的生活。比如爸爸在北京，妈妈在广州，孩子在长沙奶奶家，孩子有可能一年才见父母一次。不是一两个家庭这样，很普遍，在伊朗很少会看到这种情况。

我还很难以理解过节这件事。中国人口很多，有许多中国人对西方文化很有好感，只想着高高兴兴地庆祝那些西方节日。这些人既庆祝中国的节日，也庆祝西方的节日，但他们纯粹只是为了自己高兴。比他们更甚的是那些工厂，工厂的拥有者为了赚钱根本不考虑文化因素，也并不为文化感到焦虑。工厂为了迎合这些西方节日，生产了许多洋娃娃。他们制造圣诞老人玩具，制造圣诞树，因为中国有足够多的人可以买走这些东西，于是逐渐地很多中国人都开始庆祝圣诞节。西方文化就这样逐渐进入我们东方人的家庭中，进入了中国人的生活中。

有些人说中国文化和中国的节日为什么没有受到西方人的欢迎？其实是

受到了他们的欢迎的，关键问题是只受到了西方国家知识分子的欢迎，但是西方文化受到了中国普通老百姓的欢迎。西方的节日、西方的文化在东方普通民众眼中是很热闹的、很有魅力的。

另外，我觉得不管在伊朗还是在中国过西方节日，一些人认为穿上西方风格的服装，有西方发型，是一种洋气和时髦，携带外国品牌的包是高大上的表现，这些让人觉得自己很特别。我们在伊朗有句谚语——"邻居的鸡是鹅"，意思是很多人看重他人的东西，而小看自己的。

我是穆斯林，来自一个伊斯兰国家，我喜欢研究信仰的问题，所以对信仰也想说几句话。中国人有没有信仰？中国人有信仰。我们先来看"礼"这个字。我们伊斯兰世界文化的基础就是"独一无二的真主"，我觉得你们文化的基础是"礼"，和我们的信仰其实很相似。"礼"左边的这个偏旁是表示向上天祭祀。我非常喜欢研究这个"礼"，中国古代以天子为尊，老百姓被要求崇敬天子。你们平时说"礼貌"，里面就有这个"礼"字，这个"礼"在中国人的各个方面都有体现。古代中国人的"礼"是超自然的"天"，伊斯兰教是崇拜超自然的真主。前几年有一个伊朗人在清真寺里问一个伊斯兰学者（即阿訇）："能不能给我介绍一本道德书？"阿訇回答："你不需要书，你只要别忘一句话：'真主一直在看你，所以别犯罪！'"你们中国人也有类似的话："人在做，天在看。"说的都是一个概念，虽然在教法、教义等方面有很多区别。

我补充一下，中国的佛教、道教、儒家等都包含着许多信仰及崇奉的概念，这些概念在中国人的生活当中会起到不小的约束作用。

一个法国人眼中的中国文化

神秘的中国，

理性的中国，

不同形态的中国。

Thierry Meynard（梅谦立）

　　梅谦立，法国人，现任中山大学哲学系教授，博士生导师，中山大学西学东渐文献馆副馆长。主要研究中西思想交流、西方古典哲学、当代新儒家。2003年获得北京大学哲学博士学位。2004年到2006年，任纽约市富达姆大学讲师。2012年至2014年，任北京中国学中心（The Beijing Center for Chinese Studies）主任并负责该中心的研究工作。

很多哲学家和心理学家都强调，我们必须经过他人来反思自己，来认识自己。西方著名哲学家亚里士多德把朋友比喻为一面镜子：我们的朋友如同一面镜子一样可以反映我们自己的形象，使我们更能认识自己。在此我们也可以把这些域外文献的作者视为我们的朋友，提供给我们一面镜子，使我们从另一个角度认识自己、反思自己，从中也许能帮助我们发现那些经常被我们忽略的方面。这篇文章主要介绍西方如何理解中国的两个面向："神秘的中国"及"理性的中国"。

一、中国与欧洲之间的路线

来华传教士最早把中国看作一个很神秘的国家，这种观点在历史上由来已久：早在 13 世纪，威尼斯人马可·波罗（Marco Polo，1254—1324）所写的《马可·波罗游记》（*Book of the Marvels of the World*）、柏朗嘉宾（Giovanni dal Pianodel Carpine，约 1182—1252）所写的《蒙古行纪》（*Ystoria Mongalorum quos nos Tartaros appellamus*）、鲁布鲁克（Guillaume de Rubrouck，1220—1293）所写的《东行纪》（*Itinerarium ad partes Orientales*）都将当时的中国描绘成一个神奇的东方国度。

300 年之后，耶稣会传教士来到了中国（当时的明朝），对中国的各种情况也倍感惊讶。如在《利玛窦中国札记》（*De Christiana expeditione apud Sinas*）中，利玛窦将中国描绘成一个神奇的国度。16—17 世纪的欧洲，最有影响力的著作应属德国耶稣会士基歇尔（Athanasius Kircher）1667 年出版的《中国图说》（*China Illustrata*），这本书包含 50 余张图画，激发了欧洲人对中国的兴趣，塑造出了欧洲理解的"中国形象"。[1]

有趣的是基歇尔从来没有来过中国，确切地说他从没有离开过欧洲，《中国图说》中的信息是他通过跟世界各地的传教士书信联系获得的。他向在华传教士们追问了许多问题，由此得到了许多关于中国的信息，并通过这种方式搜集了很多材料。

---

1. 关于这本书的不同版本，参见 David E. Mungello, Curious Land: *Jesuit Accommodation and the Origin of Sinology*, Honolulu: University of Hawaii Press, 1985, p.134.；孟德卫：《奇异的国度：耶稣会适应政策及汉学的起源》，陈怡译，大象出版社，2010。

值得一提的是，他还在罗马学院收藏了世界各地的自然风物与历史文物，他在罗马的工作室俨然变成了一个小型的博物馆。同时基歇尔是文艺复兴的代表人物之一，他对植物学、物理学、历史学、语言学都很有研究。他的兴趣在于搜集、整理世界各地的知识，并进一步试图观察各种文化在历史上与思想上的连接，去理解它们之间的异同，而非将这些知识简单的排列。基歇尔博学广通，他精通多种语言，使他能更好地理解世界各地的文化。

在《中国图说》里，有一张亚洲地图，这张地图反映了欧洲与中国的来往情况。从上面可以清楚地找到 16 世纪葡萄牙商人所发现的海路航线，耶稣会传教士沙勿略、罗明坚、利玛窦等都是沿着这条航线来到中国。在 17 世纪，这条海上航线很活跃。耶稣会传教士正是沿着这条航线往来于欧洲与亚洲之间，让双方的信息不断传递，进而推动了双方在学术上的来往。

当时耶稣会士来到中国后也发现了很多线索，证明很早以前欧洲与亚洲就已经有来往。如在河南开封，传教士们就发现当地竟存在一个犹太人的团体；[1] 在西安，他们发现了景教的纪念碑，证明在唐朝基督教就已经到了中国；[2] 在北方，传教士看到了元朝天主教团体的痕迹，如十字架等，借此证明马可·波罗或柏朗嘉宾来过这个地方。

虽然传教士们都是通过海上航线来到中国，但种种证据充分证明在中国与欧洲之间曾经确实有过一条陆上路线。基歇尔受此启发，通过查阅马可·波罗 13 世纪所写的各种记录，在《中国图说》的地图上，绘制出了当时马可·波罗来华的路线。

当时耶稣会传教士推测马可·波罗所记载的契丹（Cathay）就是中国，所以他们也尝试重走马可·波罗的道路。葡萄牙耶稣会士鄂本笃（Bento de Góis，1562—1607）是第一位成功由陆路从印度到中国的欧洲人。他从 1602 年开始，用了 3 年时间，从印度北部沿陆路去往中国，由于疲劳和旅途中的挫折，他在苏州逝世。60 年之后，奥地利耶稣会士白乃心（Johann Grueber，1623—1680）和佛兰德斯的吴尔铎（Albert d'Orville）从北京出发，花了两

---

1. 参见《利玛窦中国札记》。
2. 被埋葬的纪念碑发现于 1625 年左右。不久之后，曾德昭（Alvaro Semedo）去参观。参见 David E. Mungello, p. 168—169.

年时间（1661 年至 1662 年），经过拉萨及尼泊尔，到达了亚格拉（Agra）。虽然吴尔铎在亚格拉逝世，但白乃心仍独自继续这段旅程，最终于 1664 年到达了罗马。到达罗马后白乃心向基歇尔亲口述说了他旅途中经历的各种遭遇，基歇尔在《中国图说》中描述了这些事情。

二、《中国图说》：神秘的中国

基歇尔认为："叙利亚、埃及和希腊不仅是基督教的温床，而且是各种迷信的发源地，并在基督降生之前就已经在全世界传播开了。"[1] 基歇尔提出这一观点很大程度上是受了《圣经》的影响，他认为各个文明是来自同一个发源地，最初说是在巴比伦，后来这个文明圈的范围进一步扩大，包括中东、埃及、希腊等地区，然后再扩展到世界各地。由于基督教和伊斯兰教的兴起，古代宗教在欧洲和中东都几近消亡，但通过传教士的报告，基歇尔发现，在印度、中亚、中国的宗教信仰却保持有类似于中东、埃及、希腊的古代宗教的因素。基于此，传教士对中国抱有浓厚的兴趣，因为当时的中国反映出了古代历史的某些重要特征。因此基歇尔不会完全批评与否定当时的中国，因为他自己也要说明，在古希腊、古罗马时期，西方人自己也经历过类似阶段。

基歇尔认为从神学的角度，最初的宗教是朝拜唯一的天主，而不久之后，撒旦抵抗天主，在巴比伦他撒下一种"病毒"使人们进行偶像崇拜，后来这种"病毒"传染到希腊、埃及和叙利亚，然后再扩展到世界各处。

来华的耶稣会士在民间宗教生活中看到了"迷信"和"偶像崇拜"的影子。这里所谓的"偶像崇拜"主要是指道教和佛教，在传教士的报告中对这些宗教都进行了详细的描述。如基歇尔提到意大利耶稣会士卫匡国（Martino Martini）所出版的《中国新图志》（*Novus Atlas Sinensis*，1655 年）里面描述福建省闽江岸边的一座山："它不及一般的山大，部分山体形成了一座神像，人们把它称作'佛'。佛的双手在胸前合十，盘腿而坐，眼、耳、鼻和脸的

---

1. ［德］基歇尔：《中国图说》，张西平等译，大象出版社，2010，第 102 页。

总长度超过两千步，可由此判断出它的大小。"[1] 原本在《中国新图志》[2] 中，卫匡国没有为这座山画对应的插图，或许他本人也没有亲眼见过这座山，但后来关于这座山的记载传到了欧洲，基歇尔或者某一个铜版雕刻匠，他们借助卫匡国的文字，加上自己的想象力，为这座山画了下面这幅奇怪的"肖像"。

图 1　石佛山

如果我们今天去福建看石佛山，就会发现它其实没有那么奇怪。虽然本地人把这座山称为"石佛山"，并且说"石佛非人力能为"，虽然某些佛教徒也许会在这个自然奇观中看到他们自己所信奉的释迦牟尼的影子，但大家都清楚"石佛山"其实只是一个说法而已。无论如何，关于这座山，欧洲人的描述和中国的情况确实存在天壤之别。我们可以回顾这个有趣的表述产生的过程：一开始有佛教徒的传说，然后有卫匡国的记述，再有基歇尔的图画，在这几次转述的过程中，中国人可以理解的自然景观就转变为极度神秘的图景。

到底这座山的形象是天然的？是人造的？或者是撒旦做的？基歇尔对此

---

1. ［德］基歇尔：《中国图说》，张西平等译，大象出版社，2010，第 317 页。

我还有两个疑惑。第一，城市名字为 Tunchuen，离南平（故名延平）比较远；另外，靠近山的河流名字为 Fue，而本来应该指示闽江。

2. 我所用的版本是收藏于北京中国学中心的。

十分困惑。[1]他排除它是人造的可能，因为如果它是人造的，在中国古书上一定会有记录。他判断："这座山不是人建造的，是自然界把它的危岩峭壁安排成神的形象给观者看。……我们的想象是如此无拘无束，以至很容易凭空构成一个形象。中国的山同样并不真正是人类的艺术作品，而是人的想象力在作祟。"[2]不过，从另一个方面，他也承认，人们一定有能力制造出这样大的山，如果有人确定地说这个山是人造的，基歇尔不会表示反对。在基歇尔看来，很可能是撒旦跟一个魔术师达成某种协议：通过撒旦的力量，魔术师塑造了这座山。

传教士不仅在中国看到了各式各样"撒旦"造成的影响，看到了各种偶像崇拜的痕迹，并且他们把中国的偶像跟古代西方的偶像联系起来。基歇尔认为，不同的文明有着共同的来源，所以他一直在积极寻找中国宗教与古希腊、古埃及的共同点。通过类似的图画，基歇尔意图说明，中国宗教与中东、埃及、希腊的古代宗教有相似之处。如同基歇尔所说，撒旦模仿了基督教的真理如三位一体来骗人[3]，下面这幅图就是一个明显的例子。

图 2　三神之像

---

1. 《中国图说》，第 317 页—第 318 页。基歇尔引用卫匡国所说："这似乎并不是稀罕。根据维特鲁比亚斯（Vitribius）的说法，著名的建筑师迪纳斯拉图斯（Dinostrus）答应亚历山大大帝，用阿托斯（Athos）建造一个塑像，它的一只手托住一座大城市，另一只手握住河流或湖泊，使河湖的水足以供应居民的需求，而它的头大到足能把双手的东西都支撑得住。"

2. 《中国图说》，第 318 页—第 319 页。

3. 《中国图说》，第 256 页："撒旦为了复仇，直到现在仍在宣扬包裹着神话故事外衣的三位一体的说法。"

在基歇尔看来，这种图画是具有代表性的，展示了中国本土三个主要的神：中间为释迦牟尼，左边为孔子，右边为老子。基歇尔认为，撒旦用这三个神来模仿基督教的三位一体（父、子、圣神）的形象，使世人更容易被欺骗。最初撒旦在古希腊使用过这种骗局，发明了古希腊的三位神，即朱庇特（Jupiter）、阿波罗（Apollo）、墨丘利（Mercury）来代替基督教的真正三位一体。后来，撒旦将这种骗局移到中国，朱庇特神变成了释迦牟尼，阿波罗神变成了孔子，墨丘利神变成了老子。

在这张图画中，基歇尔还特别指出，除了三神之外，从中还可以发现古希腊和古罗马的其他神的影子，如战神（即马尔斯，Mars）和海洋神（即涅普顿，Neptune）。[1]

其实，基歇尔对中国民间宗教的态度是矛盾的。一方面，他认为这些宗教是撒旦所造的，是邪恶的、迷信的，认为大家应该远离它们；另一方面，这些民间宗教对基歇尔却有很大的吸引力，让他心甘情愿花很多精力去搜集这些古代宗教的材料，去深入研究它们。当然有一种可能，就是基歇尔完全站在人类历史学家的角度去进行研究。当时在西方，古罗马、古希腊宗教已经消亡了，只留下文字记录，而基歇尔认为在中国却可清楚地找到古罗马、古希腊宗教演变的轨迹，在他看来这对理解西方的古代历史有着重要帮助，能补充西方的历史材料。但我个人认为，基歇尔的兴趣不仅仅在于对人类历史的考证，而在于揭示人类另外一种宗教性的生活方式。

我们需要注意一点，基歇尔要用理性去研究一些超乎理性的现象，去研究撒旦的骗局。在基歇尔看来，基督教展示了人类的理性，但他也许认为，理性无法概括整个人类的历史，不能概括全面的人性。虽然这样的人还没有完全启蒙，不过，他们所发挥的东西有一定的价值。基歇尔或许试图希望通过对中国民间宗教的研究，把人类历史的另一种可能收集起来，把人性的另一种可能收集起来。这样，福建的"石佛山"在欧洲学者看来不是完全胡说，而有更为重要的意义。

那么，欧洲人的这种"神秘中国"的图景能告诉今天的中国人什么？大

---

1. 《中国图说》，第257页。

部分中国人会否定这样神秘的描述，认为基歇尔对中国的理解是不正确的，或存有偏见。有些人也许会承认，中国确实有这种神秘的因素，但这些民间宗教不能代表主流文化思想，更不能代表今天的中国。这里我有一个问题：当我们抗议传教士们这种描述时，反对这样"神秘的中国"时，我们是否已经假定了某个标准（中国并非一个充满神秘宗教因素的国家）。而问题在于这种标准本身有没有问题？我们所认为标准的"当时的中国"是不是我们自己所想象、所构建的？如此，通过传教士的著作或其他域外文献，我们也许会对那个我们"熟知"的中国有新的理解，发现我们未曾发现的面向。在我们去分析、理解自己过去的种种时，给自己多一个选择。

三、《中国哲学家孔夫子》：理性的中国

接下来，我们要看到欧洲人理解的中国的另一个面向：理性的中国。这里我选择一个比较有代表性的著作——佛兰德斯耶稣会士柏应理（Philippe Couplet）所编的《中国哲学家孔夫子》（*Confucius Sinarum Philosophus*），这本书 1687 年在巴黎出版。与《中国图说》不同，这本书涵盖了耶稣会传教士当时来华 100 年间对"四书"及中国哲学的研究成果。

从 1583 年起，"四书"一直是来华传教士学习中文的主要教材之一。他们用"四书"内容来编撰教材，其中意大利人罗明坚（Michele Ruggieri，1543—1607）就是第一位编撰这种语言教材的耶稣会士，并且他还把"四书"翻译成了拉丁文[1]；1594 年，利玛窦（Matteo Ricci，1552—1610）也翻译了"四书"的某些章节；后来，金尼阁（Nicolas Trigault，1577—1628）也指出，新来华的传教士都在用利玛窦的"四书"译本来学中文。今天比较遗憾的是，利氏的译本已经失传了，我们无法获得对其更多的了解。1624 年，耶稣会中华省副省长李玛诺（Manual Dias，1559—1639）确定了传教士来华的四年制的"课程计划"，[2] 其中明文规定传教士要学习"四书"和《尚书》。

---

1. 1588 年，罗明坚还没翻译完"四书"，就被要求返回罗马，无法完成他的计划。只有《大学》译文的前半部分正式出版。

2. 1619 年，耶稣会成立了中华省，不过，它不是完全独立的，而归属于日本省。关于"课程计划"，参看：Liam Brockey，*Journey to the East*，Harvard University Press，2007，p.266.

后来，在江西建昌的耶稣会士、当时的耶稣会中华省副省长郭纳爵
（Ignatius da Costa，1603—1666）试图改进利玛窦的译本，他跟学生殷铎泽
（Prospero Intorcetta，1625—1696）一起出版了《中国的智慧》（*Sapientia Sinica*，
1662 年）一书。此书所选译文包括两页的孔子生平、十四页的《大学》部分
章节。最后由五位耶稣会士对该书译文进行了校对。这本著作被学者们认为
是"第一本中拉双语的译文选"。

后来殷铎泽把《中庸》翻译成了拉丁文，书名为《中国的政治道德学》
（*SinarvmScientia Politico-moralis*，1668—1669）。[1] 这些中国经典的西文译本有几
个共同特点：（1）中文、拉丁文对照；（2）往往都是字面上的翻译；（3）每个
汉字都带一个编号，跟拉丁文一一对应；（4）汉字上也标注耶稣会士所发明的
拼音。无疑这种编辑方式是为了方便西方人理解、朗读和记忆。

1666 年，一些传教士聚集在广州，在那里殷铎泽召集了三位耶稣会士，
他们花了三年时间对其他中国经典进行翻译，并开始在文中加上解释译文。
当时的译文已不再是单纯的语言教材，而是更具有学术价值的译本。但因为
工作量太大的缘故，在翻译过程中，他们放弃了篇幅比较长的《孟子》，而
只完成《大学》《中庸》《论语》的翻译。[2] 最后在 1671 年，他们将译好的文本
寄到罗马。

1679 年，柏应理被选为中华耶稣会传教区代表。1685 年，柏应理在罗马
学院幸运地找到了他 15 年前在广州翻译的儒家经典的手稿。他首先考虑在
罗马出版这些译本，但法国皇家图书馆馆长泰弗诺（Melchisedech Thevenot，
1602—1692）在得到消息之后，通过外交渠道要求这本著作率先在法国出
版。因此柏应理把编辑和印刷工作从罗马转移到巴黎，他也在那里获得了法
国皇家图书馆的支持。1686 年，他开始进行最后的编辑工作。1687 年，这本
书最终面世，标题为《中国哲学家孔夫子，或者中国知识，用拉丁文表述，

---

1. 这本很特别的书今天收藏于罗马耶稣会档案馆。除了《中庸》译文之外，书中还包括
孔子的详细生平。1668 年，殷铎泽在广州只木刻了《中庸》译文的最初 26 页。1669 年，
在前往欧洲的路途中，殷铎泽在果阿停留了一段时间，使他能木刻了其他刻板，并且印刷
了，还把印刷品的两个部分装订在一起。

2. 后来，法国耶稣会士卫方济（Francais Noël）把《孟子》翻译成拉丁文，完成了"四
书"的翻译。

通过殷铎泽、恩理格、鲁日满和柏应理的努力》。[1] 除了《大学》《中庸》《论语》的拉丁译文外，此书还包括柏应理所写的《致路易十四世书信》《中华帝国年代表》，以及殷铎泽所写的《孔夫子传》和殷铎泽、柏应理合著的《前言》。在《致路易十四世书信》里面，柏应理赞扬路易十四是"最基督徒的国王"（Rex Christianissimus）（因其禁止基督新教），从中也表达出他希望路易十四能帮助实现让中国皈依天主教的宏伟愿望。

与《中国图说》不同，《中国哲学家孔夫子》向欧洲传递的信息是：历史上中国人一直蒙受理性，并在很长时间保持着极为纯粹的理性，其中自汉朝开始，中国人才接受了佛教和相应偶像崇拜的影响。但他认为中国人还保留着儒家经典，而这些经典里面体现着自然理性和对上帝的纯粹信仰。

以柏应理为代表的传教士当时已逐渐认识到，他们所面对的中国思想自身有着一个体系，即"中国知识"（Sinensis Scientia）。因此殷铎泽在翻译《中庸》时，就用了"中国知识"为标题。他想暗示：中国思想体系完全能够回应"欧洲知识"（Europea Scientia），进而希望搭建起两个体系之间的思想桥梁。同时耶稣会士也清楚地看到，"中国知识"有它自己的经典体系，即"四书"。

在《中国哲学家孔夫子》中，柏应理借用了殷铎泽所编写的《孔子传》中的内容。在《孔子传》前面，柏应理还附上了一幅孔子的画像，这应该是西方人第一次看到孔子的形象。这里的孔子画像有一点类似中国传统的孔子像：孔夫子蓄须并着冠，很明显这张图画并非来自中国，而是由传教士创作。

看到这张孔子像我们会发现很多有趣的东西，这张图片绘制了北京孔庙，因为在孔子身后我们可以看到一些排位，上面写了孔子弟子的名字。但是，从明朝开始，孔庙里已不允许放孔子像。所以这幅画的背景是孔庙，但其中的孔子像

图 3　孔子像

---

1. 该书出版几个月之前，《大学》的英文版面世。

应当不属于当时的孔庙。

另外这幅画的最上面写着"国学"二字，有可能是指北京的国子监。因此，图片中的孔子很可能是国子监的孔子像。画中孔子拿着某种东西，这一点存在一些疑问，因为在中国的孔子像中，孔子的手经常是合十的。美国学者孟德卫认为，这幅像中孔子手里拿着的是他自己的牌位。我本人不太同意这个观点，我认为孔子拿着的很可能是笏板，表示孔子致仕。同时在国子监参加科举的人都有做官的愿望，如果这幅孔子像来源于国子监，那么其手中拿着笏板的可能性就更大了。

因此，这幅图画很可能是把国子监和孔庙两个场所合为一体。但图画也暗示了第三个场所。很明显，画中建筑物和中国的孔庙或国子监在建筑风格上并无类似。柏应理很可能是要故意避免将孔子居所描绘成一座庙宇。如在《中国哲学家孔夫子》的译文中，"祖庙"也并非翻译成宗教色彩过于明显的 templum，而是用世俗色彩更明显的 aula（厅）。[1] 柏应理在画中也故意选择比较世俗的场所，即图书馆。但它又不像当时中国的藏书楼，而更像欧洲的图书馆。

其实，在16—17世纪的欧洲，很流行把人像画在某种背景上，如图书馆。我们可以把这幅孔子的画像跟16世纪的《圣奥古斯丁之梦》比较。如同孔子一样，圣奥古斯丁也在图书馆里面，他自己的著作排列在书架上。孔子像的背景建筑物跟这个背景很类似，只是后面的耶稣像被替换掉了。这两幅画都用了透视法，而且天花板也很类似。另外，这幅孔子的图画是完全对称的，表达出很理性化的次序安排。

很明显，这幅孔子像所要表现的孔子，并不是一位神秘的宗教创始人，而是一位哲学家、一位学者。耶稣会传教士很确定地说，"祭孔"活动都不包含任何偶像崇拜的因素，在牌位上面没有任何具体的形象（imago），人们在牌位面前只是表示对孔子的尊敬。虽然耶稣会在文笔上那么小心，这张图片里面，孔子弟子的排位及孔子手里拿着的笏板却很容易让欧洲人想到中国人对孔子有着某种偶像崇拜。所以孔子像在后期发生了变化。

---

1. 明朝的时候，孔庙有了很大的改变，"庙"变成了"厅"。

1696 年，在《中国现势新志》（*Nouveaux mémoires sur l'état présent de la Chine*）一书中，法国耶稣会士李明（Louis Le Comte，1655—1728）也介绍了孔子的生平及思想，里面也有一幅孔子画像，很明显这幅画像来源于《中国哲学家孔夫子》。不过书中只有人像，没有背景，并且孔子手里的笏板也消失了。[1] 很明显，"笏板"被认为跟某种宗教仪式有关，所以，为了避免孔子被认为是宗教崇拜的对象或者宗教信徒，"笏板"从图像中被抹除了。即便如此，李明的《中国现势新志》出版后仍引起了很多争论，1700 年巴黎大学更是将这本书的学说定位为谬误。

《中国哲学家孔夫子》包括《大学》《中庸》《论语》的拉丁译文。1688 年，这本书的摘要被译成法文，题为《中国哲学家孔子的伦理学》。1691 年，这些摘要又被翻译成英文。法文版里已没有了原来的孔子像，英译本又恢复了孔子像，但有所修改。

英译本的图像很明显是源于《中国哲学家孔夫子》，但做了一些改动：书中孔子手里拿了一本书，但上面的文字却很奇怪。很明显，编者的用意还是要避免欧洲人把孔子当作一个宗教人物，所以用一本书代替了笏板。[2]

《中国哲学家孔夫子》与《中国图说》向我们展示两个不同面向的中国：《中国图说》展示了一个神秘的中国，传达了中国跟西方的不同；《中国哲学家孔夫子》则展示了中国与西方的"同"，二者都充满了理性和秩序。也许很多中国人会赞成后者的描述，与《中国图说》比较，《中国哲学家孔夫子》更需要依靠中国文献来对自己的文化进行再度理解，但《中国哲学家孔夫子》这本书也许不会像《中国图说》那样激发欧洲人的想象。《中国哲学家孔夫子》所描述的理性之国也反映出欧洲当时的理性与秩序。

---

1. 孔子图像有佛兰德斯著名铜版雕刻匠 Gérald Edelinck（1640—1707）的签名。《中国现势新志》第二卷在 1697 年出版。1698 年出版了《中国现势新志》第三卷，即 Le Gobien 的报告。

2. 后来，在《中华帝国全志》（1735 年）里，杜赫德借用了 1691 年英文《中国哲学家孔子的伦理学》的图像。因为 1715 年，教宗克雷芒十一世颁布了《从登极之日》（*Exilla die*）通谕，禁止中国天主教徒祀孔祭祖。杜赫德的整本书就是要证明中国文化思想充满理性，与基督教不矛盾。

四、结论

从前面的分析中，我们可以得到几个结论：第一，欧洲传教士文件里不仅仅有一个统一的、一致的中国，而且有许多不同形态的中国。也许当时在一个欧洲人的脑子里面在同一个时间会有很多中国，因为中国本身的现象也是多种多样的。第二，历史自身也在不断演变：不仅中国在变，欧洲也在变，同时它们之间的变化会互相影响。大部分耶稣会士把中国当作理性之国，肯定中国的文化和儒家的礼仪，包括祭祖或祭孔。在17—18世纪，大部分欧洲知识分子都接受了耶稣会的这一看法。虽然如此，天主教会官方却否定了耶稣会对中国文化的理解，否定了中国礼仪的合法性。否定的原因在于来华的其他修会传教士嫉妒耶稣会的成功，要压制耶稣会的影响。第三，研究域外文献里的中国，可以和国内的文件形成互补，丰富中国的形象。但我们要注意，中国的形象是多元的，外国人眼中的中国更是如此。在文化交流的过程中，中国人心目中的中国在某种程度上也受到了外国人的理解的影响。

一个柬埔寨人眼中的中国文化

——浅说在柬埔寨的华人和中国文化

历史的巨轮滚滚向前，

岁月更迭，

在柬埔寨的华人成长了一代又一代。

SY LENG（陈世龙）

陈世龙，柬埔寨人。曾参与编译和审定的书籍、刊物及影视节目有：商务印书馆之《汉语图解词典》《汉语图解小词典》等；外语教学与研究出版社之《国际汉语教学通用课程大纲》《汉语 800 字》《汉语小词典》等；华语教学出版社之《当代中文》；北京语言大学出版社之《汉语乐园》；人民教育出版社之《快乐汉语》《跟我学汉语》；华文出版社之《六祖坛经》；广西科学技术出版社之《一带一路画敦煌——这盛世如飞天所愿》；中国国际广播电台与广西电视台合作的"丝绸之路影视桥工程——中国影视剧对象国本土化语言译配项目"；中国国际广播电台之《你好，中国》项目。

1 世纪初期，柬埔寨建国，称作扶南，是历史上第一个也是唯一一个出现在中国古代史籍上的东南亚国家。据史籍记载，1 世纪时，已有不少中国人在柬埔寨生活，高棉人称其为"少数民族"。三国时期，他们随着吴国出使南海的官员康泰航海到东南亚、南亚；元朝官员周达观奉命随元使赴真腊（今柬埔寨）访问；明朝航海家、外交家郑和多次抵达柬埔寨。中国人在柬埔寨的人数日渐增多，经历了柬埔寨各个历史阶段，他们以自身的智慧、吃苦耐劳和随机应变的能力，很好地融入了当地社会，不但能与当地人和睦相处，还以自己勤劳的双手创造了财富，为柬埔寨的经济发展贡献了力量。

一、落地生根，融入柬埔寨

无论是最早跟随使团还是后来因种种原因而漂洋过海来到柬埔寨的华人，都因为语言不通的问题，在生活上存在诸多不便，但他们很快便克服了这些困难。不少华人与当地人通婚，成家立业，传宗接代。斗转星移，沧海桑田，华人族群从落地生根到日益壮大，经历了峥嵘岁月。柬埔寨为感谢华人促进了当地的经济发展，便将华人的形象、生活方式等雕刻在诸多著名古迹上。当然，华人也经历了被排挤、受约束等历史时期。1620 年，华人在金边市成立了自己的"唐人村"，直至 18—19 世纪，越来越多的中国人涌入柬埔寨，成为新华侨。从 19 世纪中叶到 20 世纪中叶，一些出色的华裔被委以重任，有当省长的，也有当内阁大臣的。华人、华侨成立了华人社团，开办中文学校。后因柬埔寨内乱等社会因素，华人受到约束，华人社团被迫解散，华人学校被迫停课。

二、柬埔寨战后重建，华人社团复苏

20 世纪末，柬埔寨百废待兴，社会趋向稳定，国家改革开放，给当地华人、华侨提供了再次发展的机会。战后余生的华人白手起家，吃苦耐劳，在重建家园的同时，也积极参与柬埔寨的各项建设。随着柬中两国的密切往来，柬埔寨华人萌生了组织华人机构的想法，在多方努力之下，于 1990 年 12 月 26 日成立了柬埔寨最高的华人机构和最大的组织——柬埔寨华人理事总会（以下简称柬华理事总会）。柬华理事总会是由柬埔寨华人及华社团体共同组织，经柬埔寨王国政府批准的合法社团。柬华理事总会以"促进柬中友谊，建设繁荣华社，服务百万华人华侨"为宗旨，目前组织体系日趋完整健全。柬华理事总会的成立，将战后如一盘散沙的华人团结起来，体现了柬埔寨华侨和华人的精诚团结、守望互助。在积极发展各自事业的同时，还为柬中两国传统友谊的发展，中华文化的薪火相传和发展柬埔寨经济作出了重要贡献。作为柬埔寨重要的华社组织，柬华理事总会发挥着协调全柬华社团体各项事务的重要作用。

柬华理事总会成立后，五大华社团体（潮州会馆、广肇会馆、客属会馆、海南同乡会、福建会馆）也相继重建或成立，作为"同气连枝"的象征，也是团结互助和自立自强的保证。

柬埔寨潮州会馆已有100多年的历史，在20世纪50至60年代达到了发展最高峰，拥有协天大帝庙、端华中学、潮州义地等机构及大量公产和基金，并和其他会馆共同管理中华医院和其他许多慈善组织，为旅柬潮籍乡亲和广大侨胞的文化教育福利事业，以及柬埔寨国家的社会经济繁荣作出了卓著的贡献。重建后的柬埔寨潮州会馆以"敦睦乡谊、互助福利、弘扬文化、拓展工商"为宗旨，将先贤的精神和事业发扬光大。

广肇会馆以弘扬中华文化为己任，关心华文教育，支持学校发展，从未间断过履行自己的承诺。"为了我们的希望工程而努力奋斗"，这是刻在柬埔寨广肇学校大楼一面墙上的一句话，是广肇学校大楼落成时，广肇会馆会长、全体理事和顾问们的铿锵誓言。

客属同乡与广大华人族裔一样，怀着重振会馆、重建华校的强烈梦想和坚定信念，于1992年开始组建"会馆委员会"和"建校委员会"，在柬华理事总会的大力支持下，于1993年8月20日正式成立，并在会馆右侧兴建"天后宫"，成立全柬唯一的龙狮团。

在柬埔寨王国政府的民族政策关怀下，华社各团体纷纷成立，各地区的华校也陆续复课。在这种形势下，金边的海南乡亲也积极行动起来，倡议成立"柬埔寨海南同乡会"。1992年8月9日，金边的海南乡亲召开海南乡亲大会，选举并产生了首届理事会。其宗旨是："团结乡亲，弘扬中华文化，致力于乡亲福利事业，为柬埔寨的繁荣富强及增进柬中友谊而努力。"

福建会馆创办迄今已有 130 多年的历史。130 多年来，福建会馆历届理事会始终以服务乡亲为己任，购置义地用以建设墓园，兴办学校，传承中华文化，与华社各省籍人士积极合作，积极参与各种福利慈善活动，为柬埔寨的经济繁荣作出了积极的贡献。复建后的福建会馆，始终贯彻"促进柬中友谊，繁荣社会经济"的宗旨，为闽籍乡亲谋福利，与各兄弟会馆、各宗亲会、各兄弟学校紧密团结，互相扶持。

庙宇是柬埔寨华人对佛教、道教文化的信仰，也是乡亲结社互助的精神依托。因而五大会馆都拥有馆庙合一的建筑，分别供奉协天大帝、天后圣母和水尾娘娘。每逢神佛的诞辰或佛教、道教的重大节日，都会举办盛大的庆典，乡亲们在活动中增强了联系，加深了情谊。

随着五大会馆的成立，各宗亲会也应运而生——陈氏、李氏、郭氏、罗氏、赖氏、林氏、符氏、杨氏、黄氏、谢氏、吴氏、蔡氏、饶平凤凰同乡会共十三个宗亲会相继成立，华社力量越来越庞大。五大会馆和十三个宗亲会十分重视中国传统风俗习惯，例如致力于修葺义地，造福乡亲。他们动员众多乡亲及热心人士捐款购买回原义地，植树铺路，扩大墓园，并专设福德组对义地进行管理，安排人力照顾孤茔荒冢，对无力操办后事的贫困乡亲予以捐助，帮助逝者入土为安。

目前，柬华理事总会下属有五大会馆、十三个宗亲会、省市县柬华分会、华文学校、华文媒体、醒狮团、庙宇、互助会、商协会等约 150 个社团单位，形成了统一的联合体。柬埔寨有 100 多万本地出生的柬籍华裔和 20 多万从中国来的新侨。除了承先启后，让中华传统文化和风俗习惯在柬埔寨土地上发扬光大外，各社团也积极促进经贸交流，加强柬埔寨同中国、东盟国家及世界各地的商协会、企业家之间的合作，为柬埔寨经济发展作出贡献。

三、重视华文教育，华校陆续复课

五大会馆有一个重要的共同点，就是对华文教育的高度重视。他们着力创办华校，让沉睡了 20 多年的华校再次焕发生机。其中，潮州会馆开办了端华学校，客属会馆开办了崇正学校，广肇会馆开办了广肇学校，福建会馆开办了民生学校，海南同乡会开办了集成学校。复课后，各大华校渐渐恢复昔日规模，学生人数逐年增长，源源不断地为柬埔寨输送了大量的优秀人才，参与柬埔寨各行各业的建设和发展。拥有百年历史的端华学校在复课后便采取新的有效的教育方针，逐步与中国对外中文教学模式接轨，使柬埔寨华裔子女得以较全面地接受中华传统文化教育，永葆中华民族的"根"，也为中华文化在柬埔寨的传播作出了突出的贡献。经过 20 多年的努力，端华学校规模不断扩大，质量不断提高，为推动柬中文化交流和发展柬中传统友谊发挥了积极作用。目前，端华学校学生人数达到 16000 多人，是东南亚学生人数最多的华文学校。

四、中国文化影响深远，柬埔寨语可见一斑

古往今来，在柬埔寨生活的中国人，无论在宗教信仰、传统文化、风俗习惯等方面都对柬埔寨社会产生了深远的影响。其中，语言方面的影响是最直接的，在很多柬埔寨人的日常生活用语当中，经常会出现从中文"借"过来的外来语，尤其是潮州话（在柬埔寨生活的华人有百分之七八十是潮州族裔）。一些日常用语或专门用语如簿子、椅子、漏斗、果条（潮汕米线）、酱油、面、阁楼、油条等，被收入到《高棉语大词典》之中，成为通用语。

除了语言方面的影响，中国的民间习俗也融入了柬埔寨的民间习俗，红白喜事是最典型的代表。无论是在柬埔寨人还是在柬埔寨华人的婚礼中，新郎官都会带着浩浩荡荡的迎亲队伍，手捧着各式各样的彩礼去迎接新娘。拜堂仪式是婚礼最重要的环节。柬埔寨人的拜堂仪式有着更浓厚的宗教色彩，要请僧人来诵经，向长辈敬茶时新人要下跪，接受长辈祝福。隔天新人要走亲戚，以表谢意。

在柬埔寨无论是土葬还是火葬，在出殡的日子，亲友们都会出席并列队送殡，锣鼓哀乐开道，让逝者顺利走完最后一程。一般来说，丧礼会持续到"头七"后，直系亲属才会脱掉素服，手戴黑色方块孝布，并于七七四十九天后将逝者埋葬或焚化。

五、一大家子同居，邻里关系密切

众所周知，自古以来，中国人喜欢群居，一大家子热热闹闹的，不亦乐乎。但是，随着社会的发展，如今很多居住在大城市里的中国家庭一般就三口人，显得很冷清。很多人忙于各自的工作，邻里关系一般，更有甚者连对门住的是谁都不知道。然而，柬埔寨的华人和受到当地华人生活方式影响的柬埔寨人还是比较重视传统的家庭观念——无论居住在大城市还是乡下，大部分人都认为一家人就应该住在一起。家境一般者，没有大宅院，哪怕一间六十几平方米的排屋也住着五六口人。家境富裕者，会购置一幢两三层楼的排屋，全家人一起生活。无论邻居是柬埔寨人还是华人，彼此都会经常往来，互相串门是家常便饭，有时相约一起出游，有时一起聚餐，邻里关系非常好。

六、中国传统节日，柬埔寨喜闻乐见

（一）春节团聚享天伦

春节是中国最重要的传统节日，象征着团圆与和谐，铭刻在每一个中华子孙的心坎。每逢春节，柬埔寨华人和当地人都会一起热热闹闹过节，除夕祭祖，吃团圆饭，给老人和小孩压岁钱。五大会馆的舞狮舞龙团走街串巷，鼓声震天，给人们带来了美好的祝福，好不热闹。虽然春节不是柬埔寨的传统节日，但因为中国文化的精髓在于共享、相融，因此，在异国他乡也很容易被接受。

（二）上元游神祈平安

"游神"是柬埔寨华人闹元宵的重要传统活动。按惯例，每年元宵节当天和前后一天，当地华人庙宇都会举行乩童游神活动。浩浩荡荡的队伍经过金边主要街道，为善男信女祈福，保佑大家阖家幸福安康。除此之外，柬埔寨华人和当地信众还会到华人庙宇上香，祈求平安。

（三）清明扫墓表孝心

清明节除了柬埔寨诸宗乡会为先侨举行公祭仪式，以缅怀先侨先贤，追思祖宗德泽外，华人和很多当地人都会到祖先或亲人的墓地去扫墓和添土，烧一炷清香，悼念祖先在天之灵，缅怀故人音容。

（四）端午食粽祭祖先

每当端午节临近，柬埔寨首都金边的很多市场都会飘着现煮的各式各样粽子的香味。一般来说，柬埔寨华人过端午节主要是自己制作或购买粽子，此外，还会做上一大桌美味佳肴，用以祭拜祖先。然后，一家人吃个"小团圆饭"。因受地区和当地条件约束，一些习俗如挂艾草、赛龙舟（柬埔寨传统节日"送水节"就有赛龙舟活动，故柬埔寨华人没法在端午节再举办赛龙舟活动）都没法在柬埔寨开展，但潮州人还是保留了"打午时水"或"晒午时水"的习俗。

（五）中元祭祖思先贤

柬埔寨华人对中元节的重视不亚于清明节。诸多华人社团会举行集体祭拜活动，而当地华人也会按照不同地方的习俗举行祭拜活动，例如广府人一般会提前一天，在农历七月十四日祭拜祖先和"好兄弟"（孤魂野鬼），而潮州人则在正日子（农历七月十五日）祭拜。当地人一般只祭拜祖先，时间和潮州人相同。

（六）中秋祭月啖柚子

中秋节这一天，当夜幕降临，皓月当空，柬埔寨华人和当地人，尤其是居住在首都金边的人都会在家门口摆上供桌，供放着各式各样用来祭月的供品和鲜花。"祭月娘"可谓是柬埔寨华人过中秋节最重要的活动。除了月饼，供桌上还要有一样不可或缺的水果——柚子。"柚"与"佑"谐音，寓意保佑平安，而且柚子形圆，故有团圆的象征。

（七）冬至吃汤圆添岁

《后汉书》记载："冬至前后，君子安身静体，百官绝事，不听政，择吉辰而后省事。"足见其热闹程度不亚于过年。汉人自古冬至需拜天祭祖，按照潮汕地区的习俗，柬埔寨大部分华人在冬至这一天会祭祖和吃汤圆，而且因冬至临近年关，故有"吃完汤圆添一岁"之说。

从这些在柬埔寨普及的中国传统节日习俗活动中，可见诸多节日习俗都与祭祖有关，这体现了柬埔寨华人对祖先的敬重与缅怀，懂得饮水思源，牢记祖训。

七、华文媒体，华人声音

华文媒体是柬埔寨华人传播中国文化的主要媒介，代表了柬埔寨华人的声音。与此同时，华文媒体也成为当地华校学生施展身手的平台——在柬埔寨有三家华文报刊开辟有"学生园地"专栏，专门刊登华校学生的优秀作品，以鼓励学生学以致用，调动他们写作的积极性。同时也鼓励学生以文会友，进行学习和情感交流，为促进华校学生学好中文，弘扬中国文化发挥了一定的作用。

八、要把"根"留住，从起名做起

柬埔寨的华人、华侨对给自己的后辈子孙起中文名字十分重视，这不仅是家族的一种传承，也是传统文化的体现。柬埔寨的华人给小孩起中文名时经常会使用龙、凤、玉、雄、强、花、伟、娟等寄予了长辈们厚望的字眼，笔者就是其中一个。笔者的奶奶是个目不识丁的人，但儿孙的名字都是她起的。一般要按照家谱来起名，但无奈背井离乡多年，又没能与家乡的亲友取得联系，早已不记得什么字辈了，觉得起个有意义、象征好的名字就可以。然而，对于有家谱的家族来说，一般都会严格按照家谱起名，毕竟辈分不能乱。

历史的巨轮滚滚向前，岁月更迭，在柬埔寨落地生根的华人成长了一代又一代，而他们生长的这个国度也发生了巨大变化，但他们对弘扬祖（籍）国博大精深的文化的那份坚定信念，对永葆祖先传统美德的那份热情，对传承中华风俗习惯的那份热爱却不曾改变。今天的他们依然初心不改，继续前行。

一个土耳其人眼中的中国文化

——从城市看中国

学问虽远在中国，亦当求之。

（Emre Demir）安莫然

安莫然，1984 年出生于土耳其安卡拉，2008 年毕业于安卡拉大学传媒学院。毕业后曾任职于土耳其节目制作公司和电视台，2010 年至今任职于中国国际广播电台（现中央广播电视总台），中华网自媒体撰稿人。安莫然对中国历史和文化有着浓厚的兴趣。2016 年他在土耳其出版了《我在中国的五年与十座城》，书中讲述了中国十座城市和他在中国五年的生活经历。

我叫安莫然，来自土耳其。2010 年，我来到北京工作，任职于中国国际广播电台。2017 年 6 月 3 日，我应李宽定老师的邀请到贵阳国学大讲堂讲述我对中国文化的所闻、所见、所思。

一、城市与人：虔诚的教徒还是忠诚的公民

我为什么会选择以城市为题呢？2016 年，我在土耳其出版了一本从城市看中国文化的书，书名叫《我在中国的五年与十座城》。我是从意大利作家伊塔洛·卡尔维诺（Italo Calvino）的《看不见的城市》中获得的灵感。从一些有代表性的中国城市中，我能感受到中国文化的变迁。

另一本激发我灵感的书是土耳其作家阿赫梅特·哈姆迪·唐帕纳尔（Ahmet Hamdi Tanpinar）的《五座城》，书中讲到，你去伊斯坦布尔（İstanbul）的不同地方，你就成了不同的人。事实上，这也是土耳其现代化进程中东西方差异的现实体现！如果你去过伊斯坦布尔的于斯屈达尔（Üsküdar）和贝伊奥卢（Beyoğlu），你就能清楚地理解东西方文化对土耳其的影响。而北京的情况则截然相反，如果你参见了北京的"城市一日游"，你会发现西边的石景山区、东边的朝阳区、北边的海淀区与南面的丰台区的外貌基本一致，桥梁、公交站、地铁站、垃圾箱、广告牌、标语都是一致的。

中国城市具有整体性，但是在土耳其，一座城市不同的地区如同星河一般，既是独立的个体，又在文化、社会和经济上相互关联。这反映了土耳其社会多样性和差异性融合的特点。

中国的古都基本上都是根据精密详细的计划建设而成。北京、西安、南京等古都，都是根据一个总体规划而建造，皇宫、市场、城墙、寺庙、居住区的位置是固定的。但是土耳其的古都各不相同，伊斯坦布尔、埃迪尔内（Edirne）、科尼亚（Konya）等古都不是为朝代而建，反之，朝代的建立要符合城市的地貌。

在北京，不同的行政区可能多少会有所差别，但无论你身处北京的哪里你都能通过平坦的地形感受到你还在北京。与此不同的是，土耳其首都安卡拉的钱卡亚（Çankaya）和金山（Altındağ）却拥有不同的生活方式，这似乎是两座截然不同的城市。钱卡亚代表了新土耳其，而金山则象征了

古老的生活方式。

土耳其和中国的所有不同点都建立在一个基础之上，那就是土耳其人和中国人世界观的巨大差异。在此差异基础上，出现了两种截然不同的生活方式：移居和定居。土耳其人对于时间和空间的概念是动态的，而中国人对于时间和空间的概念是静态的。

讲城市，就要先概述城市和人的关系。人时刻都在努力规划生活环境和组织空间，对于每个社会来说，都有确定此种形式的价值系统，城市组成了这些价值产物。

而城市和幻想的天堂之间的关系又是怎样的呢？我们可以如何认识这个天堂呢？土耳其建筑师图尔古特·灿塞韦尔（Turgut Cansever）认为，天堂是矛盾消失的一个环境。人和城市之间的关系，在奥斯曼土耳其的古城中都有着某种宗教意味，城市中心往往是清真寺和市场，城市的活动往往根据礼拜、节日、丧葬等宗教活动而进行。市场总是宗教生活的一部分，市场和宗教建筑之间的关系是古老的中国城市的特征之一。春节期间，北京会举行热闹隆重的庙会，市场和寺庙之间的关系就显现出来：欢乐、买卖和宗教礼拜活动相融合。这类似于土耳其的开斋节，开斋节期间，大型清真寺附近都会设立摊位，售卖传统小吃、饮品，还有传统游戏供人们消遣。

土耳其的城市引导人们对宗教更加虔诚，而中国城市激发人们做一名公民。土耳其古城中，城市的活跃度取决于宗教活动，而在中国，城市的活跃度取决于三个因素：文化、传统、宫殿。

二、观察

在来讲堂之前我内心是忐忑的，因为作为一个外国人讲儒论道、议秦皇汉武，似乎有些班门弄斧，我认为在国学问题上中国人总比外国人理解得更加透彻。但作为一个生活在中国的外国人可以从两方面来谈谈自己眼中的中国文化：一是观察，二是对比。观察即我作为一个外国人日常生活中观察到的社会现象，通过这些现象来谈我所理解的中国文化；对比即是将中国文化和土耳其文化以及世界上其他文化进行比较，这种比较不是分出高下的比较，而是通过一些文化相似点和不同点来更好地理解中国文化以及世界文化，求同存异。

所以在进入城市的主题之前，我想先大概谈一下我日常生活中观察到的现象以及自己的薄见。我年纪尚轻，阅历有限，在中国生活虽有些年头，但要真正了解中国社会，只怕还有待时日。所以我只想从一个外国人的角度发掘一些中国人身在其中却不自知的现象。中国有句古话，"久入芝兰之室不闻其香，久入鲍鱼之肆亦不闻其臭。"有些司空见惯的社会现象，本国人习以为常，不以为怪，显得麻木，但在另一种文化环境里长大的人，换一个文化视角，就会敏感得多。在了解中国文化的过程中，我遇到了一些困惑和疑问，我希望和大家一起共勉。比如在北京出行我经常会坐地铁，在地铁里总能听到这样的广播宣传："尊老爱幼是中华民族的传统美德。"我刚来中国的时候，以为这是中国人重视保留自己的传统，心里很感动，觉得这个民族太了不起了！但生活久了，见得多了，我心里却有了相反的答案：原来是社会缺少什么，就会宣传什么，也许正是因为在现代中国尊老爱幼的传统美德丢失了，所以才要不断地提醒每一个人。

何谓传统？口口相授谓之传，代代相传是谓统。就核心而言：中国人世代传承的思维方式和价值观，就是中国人的文化传统。无论任何一个民族，天经地义地融入每一个人的血液里，理所当然地影响每一个人的日常生活，这就是传统使然。比如尊老爱幼的行为，主动让座，或是主动搀扶，在别人的眼里，或许是美德，但于自己，却是天经地义、理所当然之事，所以"见了便做，做了便放下"。这才是真正的美德。地铁里之所以天天在广播"尊老爱幼是中华民族的传统美德"，究竟是意在"重视保留自己的传统"，还是"社会缺什么就宣传什么"，谁又说得清楚？或许，也可能是因为经营管理地铁的人觉察到乘客之间为争个座位发生的纠纷太多、太离奇了，所以就想到原来中国的传统美德里，还有个尊老爱幼，于是就赶紧地时时播、天天播，至于管用不管用，那就是另一回事了。

在"让座"问题上土耳其和中国的传统之间有相似之处，也有不同。同样在地铁里，土耳其人会主动给老人让座，这是天经地义，但是不会给孩子让座，更甚至孩子理应站着，让座给大人。但在中国的地铁里，我经常看到一些带孩子的家长有意无意地让孩子凑到座位跟前，坐着的人如果不站起来似乎就是"天理难容"。中国家长对孩子的珍爱，我想与中国多年来的计划生育政策密切相关，家家只有一个孩子，几个大人一个孩子，含在嘴里怕化了，就算在地铁里站一会儿也心疼。所以对于现代中国人的"爱幼"我不能完全苟同，毕竟我也知道中国古代还有孔融让梨的故事。

三、开篇城市

回到正题，谈城市。我问过很多中国朋友，如果一个外国人想从头了解中国历史，应该从哪座城市开始。很多人跟我说西安、北京、开封、洛阳，等等。而我选择的城市是郑州，原因很简单，中国人总是自豪地说中华文明五千年历史源远流长。我去了西安的秦始皇兵马俑发现，始皇帝生活在两千多年前，那中国人说的五千年历史的前一半去哪里了呢？后来机缘巧合，我两次到郑州，认识了中国人的另一位祖先——黄帝，才恍然大悟。据传说，黄帝的故乡就在新郑。我有幸作为主持嘉宾参加了 2015 年黄帝故里拜祖大典，拜祖大典上我看到来自世界各地的中华儿女都戴着黄色围巾来纪念黄帝。这一幕让我很感动，我感动于中国人能聚集到一起纪念五千年前的祖先，不论黄帝是一个人也好，还是一个部落联盟也罢，我觉得都不重要，重要的是文化的传承。

随着人们对考古论证更加缜密，很多人开始质疑中国五千年历史的真实性，有说法称有证据的中国历史是三千七百年，我不是考古学家，所以我觉得无论六千年也好、五千年也好，甚至三千多年也罢，我看重的是中国历史的连续性和传承性，因为即便五千年历史，跟古埃及、古巴比伦相比都还算年轻，但是古埃及人去哪儿了呢？曾经在现在的土耳其大地上生活的苏美尔人、赫梯人又去哪儿了呢？甚至我名义上的祖先突厥人也湮没在历史的长河中了。纵观世界历史，只有中国历史是一脉相承的，试问哪一个国家和人民还会为自己五千年前的祖先举行隆重的祭拜仪式，抛开政治因素不谈，中国人对古代文化的认同感非常高。这与土耳其有天壤之别，在土耳其，"英雄不论出身"，无论你来自哪里，重要的是现在我们共同生活在这片土地上。

在中国的这些年我大部分时间是生活在北京的，在北京的闲暇时光，我会四处转一转，无论是古老的历史遗迹，还是现代的展览馆、咖啡厅，都是这个城市的印记。早就听说过真武庙这个地方，前几日我跑到真武庙附近想去找找庙在哪里，真武庙路、真武家园甚至真武饭店都找到了，就是没找到庙，后来我才得知原来庙早就被拆掉了。我很早就知道北京是出了名的古都、古城，但在北京的时间越久，慢慢地就越感觉到北京是个"名字城市"！北京地铁二号线上的地铁站名就印证了这一点，比如朝阳门、崇文门、和平门、复兴门、建国门，都只剩下了这些地理名字。"门"呢？有名无实……古诗中的"引河一道冻成根""顺城门外到前门"……都只是纸上的名字。提到北京的城门和城墙，我不得不提一位大师，我很敬重他，他就是梁思成。今天有名无门的局面正是梁思成的遗憾，也是很多北京人心里的痛！在缅怀梁思成先生的同时，我也想翻出梁先生当年的北京方案来共勉，先生曾这样描绘北京老城墙的改造："城墙上面，平均宽度约10米以上，可以砌花池，栽植丁香、蔷薇一类的灌木，或铺些草地，种植草花，再安放些园椅。夏季黄昏，可供数十万人的纳凉游息。秋高气爽的时节，登高远眺，俯视全城，西北苍苍的西山，东南无际的平原，居住于城市的人民可以这样接近大自然，胸襟壮阔。还有城楼、角楼等可以辟为文化馆或小型图书馆、博物馆、茶点铺；护城河可引进永定河水，夏天放舟，冬天溜冰。这样的环城立体公园，是世界独一无二的……"每每读到这段话，作为一个深爱中国文化的外国人，我也不禁会湿了眼眶，我也很想去城墙上散步赏花，去城楼的图书馆、茶点铺看书，即使这些都无法实现，哪怕是像在如今的西安城墙上可以骑着自行车环绕一周，也是乐事一件。只可惜，这个美梦终究是美梦了。李商隐的《关门柳》："永定河边一行柳，依依长发故年春。东来西去人情薄，不为清阴减路尘。"北京有个永定门，但殊不知这是2004年重建的。当年林徽因留下过一句话："你们现在拆的是真古董，有一天，你们后悔了，想再盖，也只能盖个假古董了！"果真，50年后，永定门重新建起来了。虽然此"永定门"永远非彼"永定门"，至少能证明当初的确是拆错了！这又让我想起来梁思成先生的话："五十年后，历史将证明你是错的，我是对的。"无独有偶，伊斯坦布尔那些美妙的喷泉和房屋不是在战乱年代，而是在和平年代拓宽马路的过程中被摧毁了，这仿佛和北京古城墙的命运一样。

土耳其建筑师图尔古特·灿塞韦尔由于老北京的消失而感伤道："他们毁掉了整座北京，整座辉煌的北京……那些树木和颜色组成的梦一般的北京。可能他们毁掉了人类历史上三千年来所创造的最辉煌的产品之一，就像是我们毁掉了伊斯坦布尔一样。"

古城，是人类共同的遗产。所以失去这些古城，不仅仅是生活在这座城市的人们，或是这一国家公民的损失，而是整个人类的损失。伊斯坦布尔、北京、罗马、雅典、开罗、巴格达……共同的世界遗产，应有意识地受到全世界的保护。如果不能让这种文化保护的意识扎根于人们的头脑里，那么现在拥有的文化也终究会失去。我眼中的文化保护，不仅是博物馆的建立、文物的保护，更重要的是公民意识的形成。

作为一个土耳其人，我自然很关注中国和土耳其之间的文化渊源，梁思成先生为后世留下了很多珍贵的建筑手稿，在他的手绘建筑图纸中有一幅是土耳其的圣索菲亚大教堂。

Santa Sophia
Constantinople

图1　梁思成手绘稿圣索菲亚大教堂

那么问题来了，梁思成去过土耳其吗？梁思成和林徽因是完成了美国的学业后于1928年3月21日结婚的，他们二人在蜜月期间游览了欧洲的很多地方。梁思成的父亲梁启超此时在中国经常给这对新婚夫妇写信，在一次信中，梁启超为梁思成和林徽因设计了出行计划："我替你们打算，到英国后折往瑞典、挪威一行，因北欧极有特色，市政亦极严整有新意，新造之市，建筑上最有意思者为南美诸国，可惜力量不能供此游，次则北欧特可观。必须一往。由是入德国，除几个古都市外，莱茵河畔著名堡垒最好能参观一二，回头折入瑞士看些天然之美，再入意大利，多耽搁些日子，把文艺复兴时代的美，彻底研究了解，最后便回法国，在马赛上船，到西班牙也好，刘子楷在那里当公差，招待极方便，中世及近世初期的欧洲文化实以西班牙为中心。"梁启超在信中也提到了土耳其："中间最好能腾出点时间和金钱到土耳其一行，看看回教建筑和美术，附带着看看土耳其革命后政治。关于这一点，最好能调查得一两部极简明的书（英文的）回来讲给我听听……"如果一切都能按照计划执行，那梁思成和林徽因肯定去了伊斯坦布尔，但是由于梁启超病重，所以他们不得不中断欧洲的行程返回中国。梁启超于1929年1月19日逝世，很遗憾，梁思成先生最终也没能到伊斯坦布尔，没能亲眼见到圣索菲亚大教堂，没能亲身观摩托普卡帕皇宫，这幅圣索菲亚大教堂的手稿是先生按照画临摹的。

虽然梁思成没有去过伊斯坦布尔，但是梁启超的老师康有为确确实实是到过伊斯坦布尔的，不仅到过，他还将所见所闻著成了一本《突厥游记》。他这样赞美圣索菲亚大教堂："其宏大华妙，令人惊绝。以古旧论之，可谓为地球华严之一。以鄙意论之，终不能不以为第一也。印度沙之刊陵，古与华终不能逾之也。"康有为先生于1908年来到当时奥斯曼帝国的首都伊斯坦布尔，这时正是大清帝国和奥斯曼帝国江河日下的时候，他渴望找到并开出可以救治母国的良药。那时两国国情何等相似，他在游记中写道："横览万国，与中国至近形似，比拟同类，鉴戒最切者莫如突厥（此指奥斯曼土耳其帝国，下亦同）矣。""今中国之形，与突厥同；中国之病亦与突厥同。"中国和土耳其都曾有过一段屈辱的近代史，土耳其被称为"西亚病夫"，中国被称为"东亚病夫"，无论是丧权辱国的条约，还是救国图强的运动，那段历史给后人留下了无数启迪。

说到奥斯曼土耳其帝国和中国之间的渊源，可能很多人都不熟悉，对土耳其有一定了解的朋友都知道北京的故宫（旧称紫禁城）和伊斯坦布尔的托普卡帕皇宫大致建造于同一时期，土耳其的奥斯曼帝国大致对应中国的元、明、清三代。对于初次到访北京的人来说，一定要去逛一逛故宫，我眼中的北京故宫已经远远超出了一座宫殿或者一个博物馆的范畴，我称之为"迷你中国"，因为单讲故宫都可以讲出数不尽的中国。无论是近代"两个故宫的离合"，还是古朝代的变迁，甚至游牧文明和农耕文明的冲突融合，都可以在这里捕捉到或多或少的线索，一段故宫史，最少可以了解到四分之一到三分之一的中国史。

我多次到访过北京故宫，如果我说在故宫找到了土耳其的身影，相信很多人都不以为然，觉得故宫和土耳其八竿子打不着。我之所以这样说，是因为在故宫的武英殿有一组建筑始终没有对外开放，据说这里是故宫"最秘密的地方"，不卖关子，这里是一组土耳其浴式建筑，名曰"浴德堂"。

在中国，浴德堂的名气不大，但是有关浴德堂的传说可谓家喻户晓。坊间传说，来自喀什的和卓氏伊帕尔罕（香妃的原型）在乾隆年间进宫以后，得到了乾隆皇帝的宠爱，为了缓解她的思乡之情，乾隆皇帝命人建造了这样一座浴室供她沐浴……传说很浪漫，可是它的真实度到底有多高，我在心里也是打了问号的。在查阅了一些资料以后，我了解到香妃的原型是容妃，容妃虽然得到了皇帝的宠爱，但作为后妃在位于外朝的武英殿内沐浴，那简直是天方夜谭。浴德堂之所以和香妃扯上了关系，是因为 1914 年古物陈列所展出了一幅被认为是香妃的画像，后来得知，无论是那幅画像还是浴德堂，其实都和香妃（容妃）没有半点关系。那么这座土耳其浴式建筑到底建于什么时期，由何人所建呢？带着这种疑问我决定去故宫一探究竟。

武英殿的浴德堂长期未对外开放，去采访拍摄需要提前申请，我们有幸获得了北京故宫博物院相关负责人的准许和协助，并安排了三位专家为我们讲解。在此非常感谢北京故宫博物院的热情和专业。当天，我和同事们从西华门直奔武英殿浴德堂。故宫的三位专家王子林老师、黄希明老师和王文涛老师都说，就算是他们想来目睹浴德堂的真容都不容易。现在这里大门紧锁，工作人员打开了大门让我们进去，外面的小殿有些昏暗，外殿与内殿相通，内殿的红色大门一打开，我立马就感受到了环境、气氛的突变，这里是故宫的另一个世界，红墙变成了白砖，穿过了曲尺形状的回廊就来到了浴室，浴室四周没有窗户，但是里面很明亮，因为这里的屋顶是土耳其式的瓮顶式建筑，也就是圆顶通窗，强烈的阳光可以照射到室内。这里还是故宫的一部分吗？我还在故宫里吗？我不由得这样问自己。

我前面提到，这里是故宫最秘密的地方，其实这句话是采访过程中王子林老师说的。通过王老师的讲解我了解到，永乐年间，朱棣皇帝迁都北京后修建了故宫，尽管故宫是在元代宫殿的基础上修建的，但是元代建筑的遗存已经所剩无几，故宫内现有的元代建筑只有两处：一处是土耳其浴式的浴德堂；另一处是一座石桥，也在武英殿内，名为"断虹桥"。王子林老师说："这座建筑完全是土耳其特点的建筑。"也就是说，浴德堂并非建造于明、清两代，而是元代遗物。蒙古人建立元朝定都大都（今北京）后的1267年，开始了大都新宫殿的兴建，负责兴建的官员中不乏外国人的身影，比如现在所知的阿拉伯人也黑迭儿负责设计新宫殿，虽然元大都和元大内（即元皇宫）的具体位置一直扑朔迷离，但根据推断，元代皇宫可能就在明清紫禁城附近，或者西侧至北海琼岛区域。故宫建院的见证者、"老故宫人"单士元先生在他的书中写道："元大内的中轴线，就是明紫禁城的中轴线。"（《故宫史话》）元大都和元大内的建筑中不仅有汉族文化的特点，也有其他民族文化的特点，是农耕文化与游牧文化结合的产物。比如北京现存的白塔寺，就是入仕元朝的尼泊尔匠师阿尼哥主持修建的，所以元大都甚至元大内有奥斯曼土耳其特点的建筑其实并不奇怪，甚至很正常。在元代，这样的浴室很普遍，特别是在皇宫内极其普遍。王子林老师说道："元代陶宗仪的《南村辍耕录》里面就记载，说元大都里就有这样的浴室，前面是一个小殿，后面就是浴室，旁边有井，有水，这个水通到了浴室里面。我们现在看到的这个浴德堂跟陶宗仪记载的是一样的，而且里面贴的是白色琉璃的瓷砖，明代人不用白色瓷砖，而元代人用，元代人的屋顶都是白色的瓷砖，这个跟汉人的传统是相矛盾的。"当我们问到是否有奥斯曼帝国的工匠参与了元大都的建设时，黄希明老师表示很有可能是这样的，但很遗憾的是现在还没有在史书中发现相关文字资料的记载。黄希明老师还提到，不仅是浴德堂，天庆寺也有座浴室，同样也是穹隆状屋顶，早些年间他还去参观过，现在是否还存在就不得而知了。获得过诺贝尔文学奖的土耳其作家奥尔罕·帕慕克（Orhan Pamuk）也在到访故宫期间参观过这座浴室。

　　明朝虽是在元代基础上修建的紫禁城（今故宫），但很多元代建筑都已经荡然无存，为什么浴德堂会被留下，这一点我从故宫专家的讲解中找到了答案。浴德堂在历史上有两个主要功能：沐浴和斋戒。也就是说，无论从物质层面还是从精神层面来看，这里都具有《礼记》中提到的"澡身浴德"的功能，浴德堂的名字也由此而来，而浴德堂的名称也是明清易名后的名字，这座建筑在元代的名称不详。王子林老师提到，根据古代礼制——左庖右湢，湢就是浴室的意思，右就是西边，正好符合古制，浴德堂就被留下来了。而留下来做什么呢？武英殿在明代是皇帝斋戒的地方，斋戒就得沐浴，所以明朝前期它还是皇帝沐浴的地方，沐浴过后，祭天、祭地、祭祖。明仁宗驾崩后，他的尸体很有可能也是在浴德堂清洗的。而到了明代末期，浴德堂沐浴的功能才渐渐被废弃。清朝为满人所建，按照满人传统也不来这里沐浴，到了康熙十九年（1680 年），武英殿被改为编书的地方，也就是现代意义上的出版社，浴德堂的功能又变为校勘、出版书籍的地方。

浴德堂作为一座温室浴室，它的烧水系统也很独特。此方面的专家王文涛老师提到，水是从后面的井里通过石槽和方洞被引到烧水灶间的铜锅里，铜锅的盛水量多达一立方。不仅如此，浴德堂还拥有先进的取暖系统，支火道布满了浴室的地下，保证了浴室的供暖。

浴德堂的建筑是传统的中华文化和土耳其文化结合的产物。我们常说，两国之间，或者说两种文化之间的交往历史源远流长，这就是铁证之一，期待有更多不为人知的历史被挖掘。

四、苦难姐妹花

下面我要讲的这两座城市曾经在战争年代有着两种不同的命运，一座是南京，另一座是上海。

1937 年的南京大屠杀给中国人的内心造成了无法弥补的伤痛。在我眼里，一个民族的苦难就是全世界的苦难，南京的苦难不仅是中国的，也是世界的。但时至今日，熟悉这段历史的外国朋友依旧不多，这其中的原因耐人寻味，或许因为二战后世界格局的重新建立，日本成为美国的盟友，中国作为战胜方放弃日本的赔偿，中国国内的局势变化，等等。侵华日军南京大屠杀遇难同胞纪念馆的最后一个展台布满了无数只和平鸽，这一点深深触动了我，正如约翰·拉贝（John Rabe）写道："可以原谅，但不能忘记。"1937 年德国人约翰·拉贝在南京建立了安全区，为大约 25 万中国平民提供了避难的场所，他被称为"南京的辛德勒"。下面我要讲述的这个故事和拉贝的事迹十分相似，故事的主人公叫何凤山（1901—1997），他是一位中国外交官，被誉为"中国的辛德勒",正是有了何凤山和他的同事们,"地狱"南京旁的上海成了天堂,犹太人的天堂。

我是在参观上海犹太难民纪念馆的时候了解到这位中国外交官的事迹。二战时何凤山在奥地利维也纳就职,其间至少向4000名犹太人发放了到上海的"生命签证",虽然当年入境上海不需要签证,但是犹太人如果没有到上海的签证就无法离开奥地利,无数的犹太人期望来到中国上海得以逃脱纳粹的魔爪。可是这位"中国的辛德勒"的故事在中国却鲜为人知,除了一些客观因素外,也与何先生本人一生淡泊名利,生前很少提及这些事情有关,但我在近年的一些影视作品中看到了何凤山先生的身影。2001年,以色列政府在耶路撒冷举行了隆重的"国际正义人士——何凤山先生纪念碑"揭碑仪式,石碑上刻着"永远不能忘记的中国人"。同时期在土耳其也有像何凤山先生一样的外交官,这些人都应该被历史铭记。

在我查阅何凤山先生生平资料的时候惊奇地发现,何先生曾经在土耳其任过职,20世纪30年代初,中华民国和土耳其共和国之间的外交关系已奠定了初步基础,当时在安卡拉组建大使馆任务的外交官叫何耀祖,他希望能建立起一支有能力的工作团队。何凤山那时还是长沙的一名公务员,何耀祖委派他加入组建安卡拉大使馆的工作中,何凤山表示:"我将为我的祖国去土耳其工作。"何凤山初到安卡拉就拜访了土耳其国父阿塔图尔克,阿塔图尔克接见了新抵达的中华民国外交团队并询问了很多有关中国的问题,何凤山盛赞阿塔图尔克为"新土耳其的国父"。前面我提到过,那段时期,中国和土耳其在经历了漫长的封建帝国历史后不得不向现代化国家转型,两国都遭受了相似的经历。驻安卡拉的中方代表有一位政务参赞,几位随员、武官等。这支团队的每个成员都选择了一个研究方向,他们对土耳其的农业、国防、教育、社会、经济等各个领域进行深入研究。而团队里最努力的就要数何凤山了,何凤山总是不断思考当时土耳其发展的哪些经验可以借鉴,他不仅研读了很多土耳其的书籍和报告,还学习了土耳其语。何凤山在一年内准备了一篇100万字的报告,报告随后被送到了国民政府首都南京的外交部。那一年是1937年,南京沦陷,何凤山的报告在扫荡中失去了踪迹。

上海犹太难民纪念馆中有一段美国海外遗产保护委员会对何凤山先生生

平的介绍："中国外交官，出生于湖南省，1938 年至 1940 年何博士在担任中国驻奥地利维也纳总领事期间向数千名犹太人发放了赴上海的签证及其他文件，使他们幸免于大屠杀。他顶住上级压力，不顾职业前途，冒着生命危险表现出当时大部分人所没有的坚定勇气。"

五、学问虽远在中国，亦当求之

广州，一座现代化大都市，是中国对外开放的窗口之一，地标性建筑广州塔被人们俗称为"小蛮腰"，在各种有关广州的纪录片中都不难看到，这是现代广州的标志之一。如果想走访广州的历史建筑，大家第一个想到的应该是六榕寺，一座拥有 1000 多年历史的佛家寺庙。另外，广州的石室圣心大教堂是天主教堂的代表之一。这个大教堂为中国现存最宏伟的双尖塔哥特式建筑之一，建于 1863 年，至今有 150 多年的历史。这些都是广州的面孔，但我想说，这些不能代表广州，至少不能代表广州的全部。每逢我回国休假，总有很多家人和朋友问我关于中国的问题，我爷爷问了一个与众不同的问题："在中国可以做礼拜吗？"我回答说："当然可以。"他又问："中国的清真寺都是新建的吗？"我说："那可不是，中国有很多古老的清真寺，这些清真寺的历史甚至比土耳其的还要悠久。"中国早期的清真寺有哪些，建在哪里呢？现在西安的清真大寺、泉州的清真寺等都是早期伊斯兰教传入中国的产物，而现存的中国最古老的清真寺宣礼塔则在广州。

我首先作一些关于宣礼塔的介绍。土耳其的伊斯坦布尔是一座清真寺和宣礼塔之城，当一位旅行者眺望连接世界东西方的伊斯坦布尔时，首先会被一座座宣礼塔所吸引。

在广州，宣礼塔至今仍是广州景观的重要标志，尽管它已被一座座高楼大厦掩盖。现在站在珠江边上，对面的广州塔非常醒目，而如果在 100 多年前，在同一个地方看到的应该就是宣礼塔。

那么，是谁在什么时候建造了这座清真寺？为了寻找这个问题的答案，我不仅踏上了中国伊斯兰教历史的穿越之旅，更是追随着海上丝绸之路的印记，去听一听千年前的人们留下来的故事。我递交了申请，一定要到广州做个采访，详细地了解这座清真寺的历史。

这座清真寺叫怀圣寺，宣礼塔叫光塔，建于唐代。有关清真寺的建造者和建造年代有很多不确切的说法，据说是由阿拉伯人宛葛素建造的。广州市伊斯兰教协会副会长易卜拉欣·保延忠接受了我的采访，他介绍道："这是中国第一座清真寺，这里是伊斯兰文化的源泉。"据历史记载，先知穆罕默德曾派其弟子来中国传教，先知穆罕默德有一句圣训在土耳其家喻户晓："学问虽远在中国，亦当求之。"广州的这座清真寺建立之初并没有名字，后来先知穆罕默德归真，清真寺起名为怀圣寺，意为"怀念穆罕默德圣人"。寺内有一个"教崇西域"的牌匾，据说是由清朝的光绪皇帝赐给怀圣寺的，上面雕满了龙的纹饰，这也是伊斯兰教和中国文化相融合的佐证。纵观整个怀圣寺建筑，其中既有伊斯兰文化的特色，又保留了中国传统文化的印记。比如寺内用红砂岩做墙体的望月楼就是一座典型的中国传统建筑，上面记录了怀圣寺建于唐朝的贞观年间，也就是唐太宗李世民在位时期。但对此我是持怀疑态度的，因为伊斯兰教于7世纪中叶传入中国，唐初尚未见伊斯兰教传入，但清真寺始建于唐代还是可信的。寺内的宣礼塔——光塔具有浓郁的伊斯兰建筑风格，光塔不仅见证了怀圣寺的历史，更是中国伊斯兰教1300多年历史的象征。光塔是中国唯一还未倒塌的唐代高层建筑，甚至是世界上最古老的宣礼塔之一，宣礼塔的地基铺设于627年，使用了贝壳、黏土、红糖、糯米和熟石灰等材料，当时还没有水泥。后来民国时期试图用水泥对宣礼塔进行维修改造，发现并不黏合，之后的维修改造一直使用最初的材料。同时，光塔还是古代海上丝绸之路的重要遗产。顾名思义，光塔就是照明用的，它坐落在珠江岸边上，每晚塔顶高竖导航明灯，为来往的船只照亮方向。古代的广州海上贸易十分发达，很多阿拉伯人和波斯人来中国做贸易的第一站就是广州，这些外来的穆斯林在当时被称为"番客"。为了接待番客，广州还专门建造了穆斯林社区，很多阿拉伯人来中国经商、传教而后留在中国，比如怀圣寺的建造者宛葛素的墓地就在广州。我们有理由相信，这座由阿拉伯人设计建造的光塔也为当时来广州经商的阿拉伯人的船只导航引路。据说在唐代，每年约有40艘外国商船进出广州港，不仅带来了货物和商品，也从这里输入了不同的宗教和文化。

　　有关光塔，保会长还为我讲述了一段趣事。他谈道："维修光塔的过程中，工程师来找我要图纸，我说这是1000多年前的建筑，哪里有图纸，有的话早就摆到故宫去了。"所以为了弄清光塔的设计构造，工程师在其周边进行了勘探，勘探的结果出来后他非常震惊，说道："塔高是36米，地基深度是3.6米，比例刚好是十分之一，跟现代的科学比例完全一样，这说明唐代人已经掌握了高层建筑的地基比例。"

最让我感受深刻的就是这座古老的清真寺并没有被遗忘在历史的长河中，至今仍然和穆斯林的生活融合在一起，到了主麻日，络绎不绝的穆斯林在清真寺做礼拜，清真寺周围的市场也如同北京牛街清真寺的周边一样，大大小小的清真店铺和摊位，往来不绝的人们，充满了市井气息。

怀圣寺体现了不同时期、不同文化的建筑特色。光塔是伊斯兰文化的产物，其他建筑则是中国传统建筑的象征，寺内元代的围墙营造出了与众不同的氛围。而作为中国和伊斯兰传统融合的最典型的例子，要属挂在礼拜堂大门两侧的对联，上、下联都是用阿拉伯语写的先知穆罕默德的圣训。中国古代的清真寺建筑往往都保留了大量的中国元素，从远处看和中国的佛教寺庙没有什么区别，我想这就是伊斯兰教中国化最有力的特征之一。1000多年来，伊斯兰教虽然是从西域远道而来的宗教，但却已融入了中国社会之中，成为中国宗教和文化的一部分。

六、长城内外，农耕游牧

最后我要讲的这座城市坐落在长城外，中华文明不仅仅包括长城内的农耕文明，也包括长城外的游牧文明。前文中我讲述了香妃（容妃）从长城外走进长城内的故事，下面要提到的这位女性她是从长城内走向了长城外，她就是被称为中国古代四大美女之一的王昭君。杜甫诗云"独留青冢向黄昏"，昭君墓坐落于内蒙古自治区的呼和浩特市，我决定去呼和浩特看一看。

昭君墓内的匈奴文化博物馆让我眼前一亮，据传说，古匈奴人就是古突厥人的祖先，虽然现在这两个民族都已经消失在历史长河中了，但是游牧文明的文化是共通的。比如在现代土耳其的手工艺品中，皮制品和铁制品都非常精美，这就得益于几千年来游牧文明的工艺传承。另外一个文明传承的印证就是语言，这些被定义为突厥语系的民族有着非常相近的语言体系，这些语言有一个特点就是听得懂但是看不懂，各种语言在发展后期使用了不同的字母符号，但是千百年来口口相传的单词却保留了下来。我在中国看到的情况恰恰相反，汉字的普及使我去任何地方都能看懂，即便是繁体字也有相通的地方，但是很多地方的方言却如同另外一种语言，我想这便是农耕文明和游牧文明的不同点。

在古代社会的文化交流中，两种文明经历过对抗和融合，这些都带来了不同的文明体验。古丝绸之路的繁荣使得两种文明之间的交流日渐频繁，随着往来的深入，这种交流也印证在语言上，导致古汉语和古突厥语有一些同源词汇。这并不是我的发现，赵相如在《突厥语与古汉语关系词对比研究》一书中提到，例如汉语的"停止"，在现代土耳其语中是"dinmek"，词根"din"和"停"的古汉语发音一致；汉语的"冻"，在现代土耳其语中是"donmak"，词根"don"和"冻"的古汉语发音一致；汉语的"点"字上古属端母谈韵，读音为"tiam"，现代土耳其语的"点""滴"读音为"damla"，发音相似……这些事例所见不鲜，我就不一一列举了。

虽然从语言上看，现代土耳其语中除去受到阿拉伯语、波斯语、法语词汇的影响外，很多都是从古代沿袭下来的词汇，但这并不代表古突厥人就是现代土耳其人的祖先。相反，二者之间并没有血缘关系，正如我前文中提到，从古至今，游牧民族相互联系和传承的纽带是文化，语言是文化的表现形式之一。正如汉朝和匈奴之间的书面往来中单于称自己为"撑犁孤涂单于"，在汉朝的表述中译为"天地所生日月所置匈奴大单于"，其中的"撑犁"即天的意思，在突厥语中的表述为"Tengri"，在现代土耳其语中为"Tanri"，这体现了语言文化的传承。但从血缘上看，游牧民族不具备农耕文明一脉相承的关系。作家卡特·沃恩·芬德利（Carter Vaughn Findley）在书中对土耳其人的历史做了一个形象的比喻，他这样写道："土耳其人的历史就像是一辆从东向西穿越亚洲的公交车，旅途时间很长，公交车经常停下休息，每次休息时，乘客的箱子、篮子和袋子都被上下搬运。大多数乘客并不关心公交线路的起终点，大部分人仅是坐几站就下车了。公交车中途故障，在路上更换了备用零件，当到达土耳其的时候，没人记得哪些乘客或哪些行李是从起点就上车的，甚至公交车本身也换了。尽管如此，公交车的名字还

是泛亚洲土耳其巴士。"（《世界历史上的土耳其人》）

但土耳其人的文化受到了古代游牧民族的影响这一点是毋庸置疑的。我有一个童年记忆始终难以忘却，那是一张挂在墙上的海报，上面画着狼，狼的旁边屹立着一位古老的战士，他生活的年代是中国唐朝，土耳其人有好几个名字，我其中的一个名字和他相同：库尔沙特。土耳其的很多年轻人都是伴随着库尔沙特和狼的故事长大的，他们希望成为像库尔沙特一样的勇士，拥有自由的灵魂、高尚的人格。在很多古老的史诗中，狼都占有重要的一席之地。传说很久以前，古突厥人被困在山里找不到路了，这时出现了一匹狼，狼为他们指了路，正是这匹狼解救了处于饥寒交迫即将被困死的人们。

说到游牧民族狼图腾的来源还得从中国的古籍中寻找根源，根据唐代史料记载："突厥者，其先居西海之右，独为部落，盖匈奴之别种也。姓阿史那氏。后为邻国所破，尽灭其族。有一儿，年且十岁，兵人见其小，不忍杀之，乃刖足断其臂，弃草泽中。有牝狼以肉饲之，及长，与狼交合，遂有孕焉。彼王闻此儿尚在，重遣杀之。使者见在狼侧，并欲杀狼。于时若有神物，投狼于西海之东，落高昌国西北山。山有洞穴，穴内有平壤茂草，周迴数百里，四面俱山。狼匿其中，遂生十男。十男长，外托妻孕，其后各为一姓，阿史那即其一也，最贤，遂为君长。故牙门建狼头纛，示不忘本也。渐至数百家，经数世，有阿贤设者，率部落出于穴中，臣于蠕蠕。"（《北史》）现代的文学典籍中也有一部反映游牧民族文化的代表作，就是姜戎的《狼图腾》，我是流着泪看完这本书的。小说中的毕利格老人，在故事的最后唱了一曲真正的蒙古民歌，这时的主人公陈阵心里却在想："或许犬戎、匈奴、鲜卑、突厥、契丹的孩子们，还有成吉思汗蒙古的孩子们，都唱过这首童谣？可是，以后草原上的孩子们还能听得懂这首歌吗？那时他们也许会问：什么是百灵？什么是獭子？灰鹤？野狼？大雁？什么是兰花？菊花？"

我，便是草原的后代之一。我们，已经不能明白那些歌曲了。正是因为这样，我的脑子里充满了疑问，也就是书里让我流泪的这些问号。

七、弘扬传统文化，你准备好了吗？

我爱中国，我爱中国文化。在北京工作、生活期间到处都能听见、看见

"弘扬中华优秀传统文化""实现中华民族的伟大复兴"。开始，我很受鼓舞，以为这是一个伟大民族的觉醒，但渐渐地我产生了疑问："中国人都准备好了吗？"

"弘扬中华优秀传统文化"，要弘扬的"传统文化"，究竟是什么？

"实现中华民族的伟大复兴"，曾经有过的辉煌，消失了，再重建，才谓之"复兴"。可是数千年的封建社会，被推翻了；数十年的旧社会，也被推翻了。现在究竟要复兴什么？有没有一张蓝图？

"弘扬""复兴"，不仅事先要有准备，就是"弘扬""复兴"成功了，该如何面对，也要事先做好准备。比如城市化问题。城市越来越大，楼房越来越高，人也越来越多，这些我们都能见证，但只管建房子、卖房子，何曾有人问过：农民变市民，是不是也该准备一下？毕竟，过去山一户水一户的各自住着，自由自在。但迁到城里，住进小区，恐怕就必须要收敛一点了吧？倘若不先准备好自我约束的意识和能力，养成尊重他人的习惯，即使买得起城里的房子，住进城里也不会是合格的市民。

"将来有了钱，我一定要去周游世界。"这恐怕是很多中国人都有的心愿。但是你准备好了吗？需要准备的，恐怕不仅仅是钱吧？

最近一段时间我在研究中国的文化复兴。"中国人是否准备好了迎接传统文化的复兴？"我将这个问题抛给现场贵阳国学大讲堂的朋友们。我觉得这个问题，不需要立马给出答案，但需要认真思考。

我抛出这个问题的原因之一，是因为中国近代史上，中国人经历了几次文化断层。所以，今天全社会大谈传统文化复兴的时候，有一点必须首先要明确——是将断掉的文化衔接上，还是简单地进行"文化补丁"？

近几年，我观察到在中国和土耳其都有一种重回传统的趋势。在中国领导人的讲话中经常提及孔子或者其他圣人，孩子们被教授传统价值，土耳其政府也有类似努力。当然每个国家都必须守护自己的传统，但是我们首先要做的是认识传统，不然传统只是简单的工具而已。

关于文化断层的问题，我只是简单抛出了一个问题，李宽定老师做了更加深刻的总结：什么是文化断层？中国有没有文化断层？如果有的话，百年文化断层又是怎么造成的？又该如何弥补？尤其是，"文化复兴"的进程中，该如何面对传统文化与现代意识之间的冲突与融合？——诸如此类的问题，一直没有得到解决。李老师谈到，中国百年文化断层，这是个需要全面、深入研究和探讨的重大课题，不是区区数百字可以说得清楚的。

重回传统的真正含义是复兴，欧洲发起了文艺复兴，希腊重拾了传统。传统与现代并不冲突，21世纪将是在现代中感受传统的世纪。

能参加这次活动，我要感谢贵阳国学大讲堂创始人李宽定老师，李老师的学识和文人气质深深地感染了我，看到他，我似乎看到了中国古代学者的风范。认识如同李老师一样的良师，能为学生打开一扇更广阔的窗口。李老师对我的讲座表达了肯定并教了我一句《孟子》中的话，"得天下英才而教育之"，这句话给了我更大的动力，希望我能不辜负李老师的期待。

（文中部分内容为李宽定老师整理，赵蓓蓓翻译）

一个以色列人眼中的中国文化

中国的孔子说过"己所不欲，勿施于人"，而犹太教核心法典《托拉》中也有相同的思想，"有害于己的，勿施同胞"。

Amit Elazar（安天佑）

安天佑，以色列青年学者，"锡安号角"犹太文化传播平台创始人，《以色列时报》专栏作家，曾任中国国际广播电台外籍专家、以色列驻中国大使馆高级翻译。他还曾担任凤凰电视台、中国国际广播电台等媒体特邀嘉宾；受邀在清华大学、中国石油大学、中国以色列商会等举办多场犹太文化讲座。2017 年，受以色列驻中国大使馆委托，担任以色列财政部部长和环保部部长的翻译。鉴于他为促进中以交流作出的贡献，《国际人才交流》《以色列时报》等重要媒体曾对他进行过专访和报道。

首先非常感谢能够被邀请到这里来，其实，2009 年我已经来过贵州，那次主要是去看苗寨。这是我第二次来，在来贵阳乘坐的飞机上，我身边就坐着一个苗族人，我跟他交流了一下。但是他说，他不会说苗族的语言，也不太了解苗族的文化，我觉得特别可惜。我觉得这个世界的美丽来自我们所有不同的人、不同的民族，我们共同组成了一个多样化的世界，但是现在有些少数民族没有保护好他们自己独特的文化。

犹太民族在世界上其实是一个人数很少的民族，但是犹太人却可以在大约 3000 年这么长的时间里保留好他们的文化。这次讲座的主旨就是希望中国人能从犹太人的文化当中找到一些适合中国人的东西，能够找到值得中国各个民族长长久久传承下去的东西。我 2006 年开始在以色列的特拉维夫大学学中文，2009 年得到了奖学金去北京师范大学继续学中文。后来我在中国国际广播电台工作了大概四年时间，这是属于体制内的工作。对于一个外国人来说，在中国体制内工作是个很特别的体验，有利有弊，学习了很多东西。我当时很想了解中国和以色列在社会上、文化上的各种不同，它们之间的区别非常大。在中国国际广播电台工作的时候，我发现一个很有意思的现象，就是中国人对国外的世界特别感兴趣，包括对犹太人或者对以色列都特别感兴趣。但是有一个问题，中国人接受的很多信息其实并不全面。我曾经做了一个微信公众号来讲述犹太文化，我的目的不是让中国模仿以色列，也不是让中国人变成以色列人或者犹太人的复制品。恰恰相反，而是希望启发中国人，无论是汉族还是少数民族，无论是女性还是男性，每一位都回到自己的传统文化中来寻找一些对自己有用的东西，目的是让中国人来思考自己的文化，而不是让自己变成另外一种文化的复制品。你们可能意识到了在中国有这样的现象：很多父母希望孩子上外国模式的学校，希望孩子长大了能和外国人的生活一模一样。这样就存在一个问题，我们是中国人，这样做很可能会变成外国的复制品，从而失去了作为中国人的特点，不能作出我们本来可以为这个世界作出的独特贡献。而犹太民族有一个特点，就是强调个性和创新，犹太人不会盲目地复制别人的模式和想法。我也希望中华民族能够在世界上做一个独特的民族，而不是被其他国家的文化和模式融合了。

今年（2017 年）是中国和以色列建交 25 周年，两个国家的合作越来越紧密，关系也越来越好。比如说 9 月份，以色列环保部部长来中国访问，同行的还有财政部部长和旅游部部长。我在当中扮演了一定的角色，感觉特别荣幸和愉快。这也能证明以色列政府和中国政府都高度重视两国关系，都希望能够在各个方面加强合作。到目前为止，在很多合作当中，比较重要的一个合作是中国采用了以色列的一些先进技术。大概 30 年前，以色列和美国硅谷的很多公司有很多的合作，以色列政府也希望未来能够和中国有更多的合作，比如说在中国也建立一个采用以色列先进技术的硅谷。不仅仅是中国人对以色列感兴趣，以色列人对中国的发展也特别感兴趣。中国最近几十年来的迅速发展，让很多以色列人很好奇，觉得很了不起。最近以色列就有一个电视节目，内容是关于中国的发展为什么这么快，为什么我们以色列有些方面的发展没有中国的效率高。

我听说你们贵阳很快就要有地铁了，对吧？但是以色列到现在还没有地铁，不过已经在修建了，现在是一个中国公司在修以色列的地铁，所以中国对以色列的发展也有很大的贡献。你们也知道，中国政府希望中国制造（made in china）转换为中国创造，所以我们今天也会讨论"创新"这个话题。

你们是否清楚全世界现在总共有多少犹太人？据统计，目前全世界所有犹太人加起来一共约 1400 万人，而你们贵州人口就有 3500 万，北京人口也有 2000 万。这样一对比下来，可以清晰地发现犹太人的数量真的非常少。但在宗教、医学、科学，还有心理学方面，犹太人都有很大的贡献。犹太人占世界总人口的比例大约只有 0.2%，但是你们百度搜索一下就知道，犹太人获得诺贝尔奖的人数占全世界获得诺贝尔奖总人数的比例超过了 20%。另外，以色列初创公司的数量也非常多，以色列还有很多先进的技术，为什么会这样？当然你们也知道，以色列也有很多的问题，比如说缺水等。

今天，我首先做一个关于以色列的简单介绍。以色列的面积特别小，你们去看中东地区的地图，像伊朗、伊拉克、沙特阿拉伯、土耳其、埃及、叙利亚、约旦这些国家的名字都能够写在自己的版图上，然而以色列的国土小到在地图上连国家的名字都写不下。以色列的人口只有 800 多万人，其中约 80% 是犹太人，约 20% 是阿拉伯人和其他族裔。以色列约 60% 的陆地面积是干旱地区或者半干旱地区，水资源特别少。而且，历史上以色列跟周围的国家发生过战争，不过现在已经和埃及等国家签署了和平协议。所以，以色列的外部环境是比较恶劣的，但是就是因为有这么多的挑战或者问题，才促使以色列有了这么多先进的技术以及发明和专利。以色列有一点跟新中国成立后一段时间的历史情况很相似，我们都是在重重困难之中建立起了自己的国家，发展起了自己的国家。现在以色列有着中东以及西亚地区最高的平均受教育年数，与日本并列为整个亚洲平均受教育年数最高的国家。根据联合国的数据统计，以色列的识字率在中东地区也最高。

在地理环境方面，以色列和中国有很大的区别，它几乎没有任何自然资源，没有石油，而且国家特别小，人口也少。那怎么办？只有依靠人的创新、创业，否则就没有办法生存。比如你们现在用的QQ，这个很多中国人都在用的聊天软件的原始技术就是以色列人开发的。还有最著名的就是滴灌技术，以色列缺水，那怎么进行灌溉呢？我们不像贵州，没有那么多水，就用滴灌技术，需要用特别小的一个孔来灌溉，这样既可以节约水，对植物本身也有很大的好处，现在中国和一些非洲国家都在使用这种技术。另外一个是海水淡化技术，现在中国也在使用。另外，还有很多以色列和中国合作的技术，我就不一一列举了。

在中国有一个特别的现象，如果去中国的一些书店，你们会发现有很多书是关于犹太人怎么经商赚钱、怎么成功的；或者劝你的孩子接受犹太式教育，让你的孩子以后像犹太人一样成功，一样赚钱。其实这些都不太符合现实，没有哪一个民族的文化会对赚钱如此着迷，每一种文化都有更深奥的、更复杂的内涵。所以你们千万不要相信这些关于犹太人怎样赚钱的书籍，这都是对犹太民族的偏见。另外，以色列的媒体对于中国的报道，也不都完全是真实的。他们有时没有展现出真实的中国是什么样子，为了吸引人们的眼球而选择一些千奇百怪的东西来报道。所以我觉得我要更加努力，把犹太文化介绍给中国人，把中国真实的文化介绍给以色列人。我曾在中国石油大学、中国以色列商会还有其他一些地方做过一些讲座，目的是让中国人能够更好地了解犹太文化。

犹太人如果把各种人或者职业在心中排一个顺序，那么，第一是上帝，然后是拉比和学者，再然后是医生、法官和律师，最后才是商人。犹太人把经商和赚钱当作一种谋生手段，而不是目的。犹太人认为发了财并不是成功，真正的成功是拥有知识和智慧，并最终推动人类文明的进步。犹太人认为，文化和智力的寿命比金钱更长。

在犹太文化中，每周有一天叫"安息日"，就是从星期五的日落到星期六的晚上，严格说这段时间不能使用电子设备，比如不能使用手机和电脑，也不能做生意。像昨天晚上我住酒店的时候，都是你们书院（贵阳国学大讲堂）的工作人员帮我按电梯。我觉得这个对于中国人来说应该很特别。在以色列，安息日那天没有公交车，大多数商店也不营业。我觉得这个特别好，这让犹太人能够在这一天好好休息，放松下来和家人好好交流。犹太人不仅仅只是思考赚钱。

我觉得中国在传承自己的文化方面还有待提高。我本人很喜欢中国的语言文字，有时候我问一些中国人这个字为什么要这样写，很多人答不上来。

犹太民族和中华民族有一些共同点。比如我们都是历史悠久的民族，我们各自的语言也都有很长的历史，犹太人本来的语言是希伯来语，不是英文。再比如犹太民族和中华民族在历史上都经历了很多磨难。在二战的时候，中国被日本法西斯入侵，很多平民被屠杀。而同时，纳粹德国也对犹太人进行了大屠杀，试图灭绝犹太民族，其中很多犹太人就从世界各地纷纷逃到中国上海避难。

中华民族和犹太民族都对世界造成了很大的影响。中国的四大发明为人类文明的进步作出了巨大贡献，而犹太民族的三种东西也对世界产生了重大的影响：一个是宗教，一个是共产主义，一个是原子弹。开创了共产主义的马克思是犹太人，参与制造原子弹的爱因斯坦也是犹太人。

在以色列，大概70%的人信仰犹太教的，其他的人大多信仰其他宗教，也有一小部分无神论者。今天的讲座会有一些和《圣经》有关的例子，《圣经》对于以色列人的影响非常大，是犹太民族和犹太教最重要的书籍之一，它其实包含了一系列的书，不仅是一本。（编者注：犹太教的主要经典称《圣经》，包括《律法书》《先知书》《圣录》三部分，后由基督教继承而称《圣经·旧约全书》。）刚才说了，一部分犹太人是无神论者，但《圣经》的相关内容对他们也产生了影响。就好像很多中国人没有读过《论语》或者《道德经》，但他们也受到了相关文化的影响。

犹太人乃至西方的宗教和哲学的基础是神与世界之间的"二元性"，将世界的创造者和被创造者截然分开。而东方的哲学则恰恰相反，认为神和世界是"合一"的，比如道家就说"天人合一"。犹太教对神的理解包含着两个层面：从世界可见的表象层面来说，神和世界是分开的，而二者之间又有着某种联系；从世界内在的本质层面来说，则都是"一"，全部是神。

而恰恰是这种"二元性"，为二者的对话提供了机会。神创造世界并指导它，而人则可以向神祈祷，并通过神的创造来感知一切，从中尝试向神学习，倾听神的声音。一切被创造之物可以与神有真正的关系，包括爱、愤怒和敬畏。从这个角度而言，神可以被人类看成父亲、爱人、兄弟等。

以色列的犹太会堂，就是传统上犹太人祷告的地方。在这个神圣的地方，没有十字架，没有任何神的雕塑，也没有任何神的画像，但是一定会有一个木头柜子，里面都是书籍，包括犹太人的经典《圣经》《摩西五经》等。每个早晨，都会有人朗读这些经典的段落。我们犹太人在被流放的两千多年里，没有可以固定开展宗教活动的地方，没有可以用动物来祭祀的地方。我们只能祷告，只能强调书籍。犹太人被流放到世界各地，只能靠这些经典保持着犹太民族的传统。

从一定意义上来说，语言文字是一个民族生命力的象征。只要还有人使用着本民族的语言文字，那么这个民族的历史和传统便能一代一代地延续下去。所以说，语言文字的发明是人类生存进化史上一座不朽的纪念碑。一个民族如果连自己的语言文字都保护不了，那它最终的下场不是灭亡就是被其他民族同化。仔细想想，历史上很多民族就是因为这个原因而消失的。另外，一个民族能否真正兴旺发达不仅仅取决于这个民族是否具有自发的民族凝聚力，良好的教育也是一个民族不断发展繁荣的重要因素。

犹太民族和中华民族都很重视教育。崇尚知识、尊师重教的观念深深地扎根于犹太民众心中，成为犹太民族的优良传统。教师在犹太人中享有极高的地位，在他们的心目中，教师是一个神圣的职业。犹太人的生活不能没有拉比，在希伯来语中拉比的第一个含义就是老师。同样，在中国，教育从古至今备受关注，老师在中国被称为"先生"。从这个称呼我们可以看出人们对教师的尊重，更有谚语"一日为师，终身为父"。由此可见，这两个民族都尊师重教。

关于两个民族相似性的总结，已故的中国社会科学院副院长李慎之先生在为1993年出版的中文版《犹太百科全书》写的序言中提到："中国文明和犹太文明同样悠久，而且都对世界产生了重大的影响。从世界历史的角度来看，世界上许多古文明都有过自己的辉煌年代，但随着时间的推移，有的衰败了，有的中断了，而中国与犹太文明却能历千祀而犹新，这就是所谓持续性（CONTINUITY）。犹太人因亡国而散居世界各地；中国固然始终是一个大国，但是华人的踪迹也遍布世界。虽然如此，两个民族却都能保持文化上的同一性，人与人之间有强固的凝聚力，这就是所谓普遍性（UNIVERSALITY）。这两个共同性历来是引起世人瞩目的焦点。

"在世人眼里，中国文化与犹太文化的共同点是不少的：

"第一，中国人和犹太人一样都是极其勤劳的民族。

"第二，中国人和犹太人一样都是极其节俭的民族。

"第三，中国人和犹太人一样都是善于经商的民族。

"第四，中国人和犹太人一样都极其重视家庭。因此在世界各民族中，中国人和犹太人的社会稳定性和亲和力是最高的。

"第五，中国人和犹太人一样都有好学的传统。其结果是，在国际学术界，有许多惊天动地的人物是犹太人，马克思、爱因斯坦和弗洛伊德就是中国人最熟悉的例子。中国有自己独特的文化系统，古代的圣贤不必说了，中国学者在近百年来进入国际学术界以后也表现出强劲的竞争力。在欧美的大学生中，犹太学生与中国学生被公认为是最优秀的学生。"

中国的孔子说过"己所不欲，勿施于人"，而犹太教核心法典《托拉》中也有相同的思想，"有害于己的，勿施同胞"。

犹太人和中国人不同的是，犹太人崇尚求异思维，崇尚挑战权威，喜欢辩论；而中国人喜欢讲和谐。在犹太教的《圣经》中有一个故事就是在挑战权威，方式包括质疑和辩论。在中国古代，最大的权威应该是皇帝；在犹太历史上，最大的权威就是神或者上帝。你们可以想象，在古代的中国，没有多少人敢挑战皇帝，也没有多少人敢和皇帝辩论。但是在犹太人的《圣经》

里已经包含了挑战神的权威的内容，犹太人的祖先亚伯拉罕和神进行了辩论。神告诉亚伯拉罕，他要摧毁某一个城市，因为这个城市的人太坏了，特别邪恶，罪孽特别多。亚伯拉罕对神说："无论善恶，你都要剿灭吗？假若那城里有五十个义人，你还剿灭那地方吗？不为城里这五十个义人饶恕其他的人吗？将义人与恶人同杀，将义人与恶人一样看待，这断不是你所行的。"亚伯拉罕通过与神的辩论拯救了这个城市。这个故事被记载在《圣经》里。《圣经》是犹太人最权威的书，却记载了人和神辩论的故事，教会犹太人去对抗权威，这是很多民族所不能想象的。所以犹太人不迷信权威，血液中流淌着辩论文化，下属可以和领导辩论，年轻人可以和长辈辩论，每个人都可以辩论。

中国的小孩放学回家，家长往往要问："老师表扬你没有？"而犹太人往往会问："你和老师辩论了没有？向老师提问了没有？"中华民族的特点是润物细无声，特别包容。而我们犹太人骨子里充满着怀疑主义，犹太人的创新能力也与这有关。犹太人谁都不服谁，管理起来难度很大，但是不断从中产生动力。犹太人有一个节日叫逾越节，是庆祝犹太人脱离埃及法老奴役的节日。和中国的一些节日相似，逾越节也是大家一起吃吃饭、喝喝酒什么的。但是逾越节有一个特别的环节，就是让家里的孩子都要站起来，提出一些问题。逾越节宴席上的很多环节都是故意设计的，为的是让孩子好奇，故意让孩子提问。

我发现，中国很多学校的学生都很沉默，很少有人提出问题以及发表不同的看法。我认为这可能是在表达对老师的尊重。但是在以色列的学校，如果课堂上没人提问，没人发表不同的意见，这个老师就会认为，他的课很无聊，这些学生对他的课程没有兴趣。

犹太人还有一部经典典籍《塔木德》，是关于律法条例、传统习俗、祭祀礼仪的论著。很多国家的法律，像中国的法律、美国的法律都会明确规定什么不能做，什么可以做，直截了当，说得特别清楚。但是《塔木德》不一样，它是以辩论的形式写成的。比如针对某件事情，有一位拉比会说自己的看法是什么，另外一位拉比则会说相反的看法，然后双方来辩论，来讨论分歧，而且最后往往并没有给出答案。现在在犹太教的学院里，犹太教信徒也会学习《塔木德》。他们学习《塔木德》的传统方式是两个人一起学习，方便开展辩论，并不是有一位老师在讲台上讲，其他人坐在下面听。

《塔木德》里有一个关于一位拉比的故事。这位拉比叫约翰，他一直有一个特别好的学习伙伴，后来他的学习伙伴去世了，他的学生帮他找了另外一位学习伙伴。但是约翰拉比很痛苦，他说："我之前的学习伙伴，无论我说什么，他都会反驳我，而且会用二十四种不同的方式来反驳，这样的学习才有深度和价值。但是现在你们给我找的这个伙伴，无论我说什么，他都说我好，说我说得太对了，而且会给我提出更多的证据来证明我刚才说的为什么是对的。"约翰拉比觉得这样的学习和生活没有意义，最后就特别痛苦地死去了。从这个故事可以看出，在犹太人的观念里，如果我要成长，就需要一定的挑战，我们需要有人和我们有分歧，和我们辩论。刚刚就有人跟我说了一些不同的意见，我觉得特别好，这说明你们也有自己的独立思考，而不是盲目听我说。这个很重要，因为如果无论我说什么，你们都信，这很危险。

去年（2016 年）山东淄博市市长率领代表团访问以色列，他们去了以色列的议会。以色列议会总共有 120 名议员，当中国的代表团进入以色列议会的时候，这些议员正在进行辩论，他们互相批评或者谴责对方，甚至有点接近谩骂。代表团中有人问我他们在说什么，我就跟他说了实话。我不知道这件事是不是给以色列人丢了脸，但这就是以色列的真实情况。以色列虽然人口不多，但是这个小国家里的人很多都是以前分散在世界各地的犹太人，所以相互之间的分歧非常大。不过我觉得以色列社会是能够包容这么多"奇葩"的，而且以色列社会并没有类似于中国"和谐"的概念，也就是说，每个人都会觉得自己的看法是对的，大家应该听他的，但是以色列人之间的争执并不会破坏相互之间的关系。我到了中国之后发现，很多中国人最喜欢讨论的就是怎么做菜，各自喜欢吃什么。我觉得原因之一应该是讨论吃饭和做饭是最保险的，我喜欢吃韭菜炒鸡蛋，你不喜欢，我们之间的这个矛盾无伤大雅。但是如果我和你在价值观上有矛盾，那从中国人的角度来说，有可能会影响到我们之间的关系。

到了中国之后，我还发现了如果中国人不想见你，他们不会直截说，会拐弯抹角，说得特别含蓄，比如说我没有时间。换作以色列人就会直截说我不想见你，这甚至跟美国人也不一样，我觉得美国人也没有以色列人这么直截。我感觉在中国，大部分人的要求都比较明确，也很一致，就是孩子要上最好的幼儿园，然后要上好的大学，再然后赶快结婚和生孩子。以色列人也有一些类似的要求，但是我觉得以色列还是更能包容人独特的一面，以色列人之间的沟通也会更直截，而且没有"面子"的概念。很多以色列人刚来中国做生意的时候会觉得很奇怪，我来中国做生意，为什么需要和这个商人喝茶、吃饭、去 KTV 唱歌？如果你们去以色列，有人要请你吃饭，他的意思不是说他要承担你的费用，而是 AA 制。我不是说哪个更好或者更差，中国含蓄的表达方式肯定也有自己的魅力。从中国人的角度来说，以色列人的表达方式可能是不礼貌的。刚刚有一位听众说，在中国，如果向老板提出批评意见，最好不要直截说，需要思考很长时间，要思考怎么说才比较好，很复杂。我觉得这也是一种艺术，是中国文化的一种艺术。以色列的这种文化也有负面的影响，就是效率低。比如刚刚说了，以色列到现在都没有地铁，很可能是跟我们讨论、辩论的文化有关系，这样就导致了政策的执行效率没有中国那么高。

以色列另外一个跟中国不一样的地方，就是大家相处起来像是兄弟姐妹，会忽略各自的头衔和背景。比如说今年（2017 年）9 月，以色列的环保部部长和财政部部长来中国的时候，他们的下属都是直接称呼部长的名字，而不会说某某部长。包括在大学，学生也可以直接称呼老师的名字，不需要说某某老师、某某教授。

曾经有一位以色列诺贝尔化学奖获得者，他是材料科学家，名字用中文翻译过来叫达尼埃尔·谢赫特曼。他当时在做一个研究，但他的研究小组组长说，你不要继续做这个方向的研究，没有意义而且浪费时间，你只会给我们带来耻辱，会侮辱我们这个研究小组。其他科学家也批评他、嘲笑他，说他这个研究方向是荒谬的、没有道理的。但是他并没有觉得别人比他更有权威就应该停止，恰恰相反，他一直继续研究，最后获得了诺贝尔化学奖。我觉得，在以色列，人们挑战权威可能会更没有心理负担，也会更容易。

还有一点就是，以色列人更拥有冒险的勇气，这种冒险精神也是我们创新的法宝之一。我说的冒险并不是说去赌，去做没有把握的事情，以色列人的冒险精神指的是敢于突破自己、打破现状。由于历史和地域的各种原因，以色列人生活在一个充满高度危机感的环境里，面临着各种激烈的竞争。以色列的企业必须随时准备改变，否则一夜之间就被其他企业赶上甚至超过。我们只有永不满足、永远探索，才能保证自己的生存和发展。以色列人也勇于承担风险，没有人能保证每一次进入新领域都会成功，任何一次创业都会有失败的可能性，每一次创新都意味着艰苦的探索。在以色列，创业创新型的企业只有1/3能生存，大多数都以失败而告终。但是在这样严峻的现实面前，以色列人不惧怕做出选择，并乐于承担风险。犹太民族已经流离失所几千年了，终于在几十年前建立了自己的国家，他们几千年来分散在世界各地，从来没有放弃过自己的民族文化，从来不害怕失败，每一次失败都向下一次的成功更靠近了一点。所以说，我们看到的以色列的创新奇迹，背后是无数个在辛苦努力后与成功失之交臂的故事。

前几年，以色列发生了一个事件，三名年轻的犹太学生被绑架。他们被绑架之后，大家不知道他们的情况，不知道他们是否还活着，当时的以色列社会无论是信教的还是不信教的，左翼还是右翼，都非常关心这个问题。为了挽救这三名学生的生命，大家都很团结。但是最后三名年轻人都被杀了。在这三名年轻学生的葬礼上，他们的校长说了一句话："什么是犹太民族？犹太民族就是两个犹太人，有三个不同的看法，但是，我们所有犹太人都有同一颗心。"因为他看到了出席葬礼的各种各样的人，有信教的有不信教的，有左翼的也有右翼的。在日常生活中，这些不同派别、不同看法、不同世界观的人，他们之间会进行很多的讨论和辩论，有很大的分歧。可一旦发生这样的事情，大家都还是一颗心。我觉得这一点无论是对我们以色列人来说，还是对中国人来说，都有很重要的启发。

最后我还是要强调一下，这个讲座，并不是要大家模仿或者盲目崇拜犹太人，而是让中国人去寻找中国传统文化中类似的地方，寻找对你们有用的精髓，是让大家思考，不断地思考，而不是提供一个明确的答案。因为你一旦以为有一个明确的答案了，可能就不会继续探索和提问了。但现在如果没有一个明确的答案，或者说这个答案还有局限性，那你就会继续探索和提问，然后你会发现更有深度的东西。

今天的讲座主要是给大家展示或者描述我认为的犹太文化中创新的根源。整个讲座我其实不是在讲某一个知识或者某一种理论，而是在讲一种精神。我看到中国的孩子特别努力，他们的成绩很好，但压力也很大。现在中国的经济和建设发展得非常快，我知道在中国有一种现象，一部分中国人很喜欢听到外国人表扬中国，但是我觉得中国人不需要别人的表扬，因为这又不是一个比赛。我觉得每个人的自信不是来自于别人的夸奖，而是自己对自己的肯定。你可以骂我，但我不应该生气，因为我的自信不是来自谁，而是来自自己。你们可以看看鲁迅写的《阿 Q 正传》，我觉得鲁迅是一个很爱国的中国人，他说的比我讲的好得多。

各位今天下午还能够继续坚持听讲座，真的是辛苦了！各位只要能够从今天的讲座中得到一点点启发，那就足够了。

一个俄罗斯人眼中的中国文化

儒家思想具有两面性，有些价值必须得抛弃，有些价值必须要弘扬。

Anna Allabert（阿拉贝尔特・安娜）

　　阿拉贝尔特・安娜，女，俄罗斯人，生于 1976 年，俄罗斯圣彼得堡国立大学博士。著有《儒家思想对当今中国的作用》，2008 年由俄罗斯远东科学出版社出版。参与编译首部俄文版中国百科全书《中国百科》；翻译 50 集中国优秀电视连续剧新版《红楼梦》；编译由俄罗斯维切出版社与人民出版社联合出版的图书《中苏共抗法西斯》；参与电视剧《纪念中国人民抗日战争暨世界反法西斯战争胜利七十周年——为了永不褪色的记忆》字幕翻译；参与黑龙江省黑河市宣传片及主题歌曲《星河》字幕翻译。

　　我为什么学中文呢？我的爷爷在中国的东北和日本人打过仗，他当时唯一的遗憾就是不会说中文，因为当时认识了很多的中国朋友，可是没法跟他们好好地交流，所以，我小时候他就培养我对中文和中国文化的兴趣。当时我们两国关系不是特别好，可是我爷爷觉得我们这两个国家是邻居，最后肯定会把关系搞好的，这个是必然之路。那个时候很多报纸上都是批判中国的文章，但是也有不少的关于中国文化和旅游的东西，爷爷把好玩的东西剪下来，做了一个剪报册让我看，所以我从小就知道我未来的规划是什么，我肯定会去学中文，你们的文化吸引我的地方非常多。考大学的时候，我就选择了中文。

　　我第一次来到中国的时间是 1995 年，我读大学二年级时到北京师范大学进修语言，当时感觉老师所讲的中国和我实际看到的不一样，老师是从特别传统的角度来讲述中国的。

　　每个在国外的人都会经历三个阶段：第一个阶段是觉得好奇；第二个阶段是开始排斥所有的东西，处在"文化休克"状态；第三个阶段是慢慢地融合了。一年之内我觉得这三个阶段我都经历了，刚感觉和外边的世界已经有比较和谐的关系的时候却要走了，所以还是没有体会到所有的东西。1996 年回到俄罗斯的时候，我就一直在想，中国人为什么跟我们有这么多的不一样？然后我就开始找答案，觉得答案肯定是在传统文化方面。儒家思想是规范中国人的行为和民族特点的，我开始对儒家思想产生了兴趣，并且开始慢慢研究。我研究传统儒家思想，更多的是希望能发现它对于当代的价值，对现在的中国人有什么样的影响。所以，从那时候开始到读博士我一直在研究儒家思想，毕业之后在莫斯科出版了《儒家思想对当今中国的作用》这本书。当时我只想说一些文化的碰撞或者文化的差异和共同点，可是主办方说："安娜，你研究的是儒家思想，也不能这么废了吧，你就应该讲这个传统的价值在中国的作用。"所以我写了这本书。我现在觉得把这个书烧了也可以！其实人在研究某一种东西的时候有一个过程，两年或者十年前写的东西，到现在来看会有一种新的认识，当时的很多观点，现在看来还不是特别的成熟。真正的学者应该一直在路上，不应该停止，就像运动员一样，你不练，你就没法参加比赛，学者也应该是一直在思考，一直在反思以前的一些可能错误的观点，这才是真正的学者。对一些课题我还没有找到自己比较满意的答案，可是我觉得这个并不重要。有的时候承认不知道并不是一件羞耻的事，重要的是自己提出正确的问题，可能过一段时间，你就会找到，也有可能永远解决不了，但是自我提问是很重要的。

关于传统价值观，我觉得中国传统价值观的重要性大家都理解。中国传统价值观可以说规范着社会的方方面面，现在，中国进入了现代化的一个新阶段，面临很多的改革，其作用是广泛的。比如说你们的领导人，他要出一个决策，这个决策要让大众比较好地理解，就是通过中国传统价值观。

在改革中最主要的基础是什么，那就是社会稳定。没有社会稳定，任何新的东西、新的改革就没法进行，国家也不可能发展，所以我觉得传统价值观恰好是可以保证社会稳定的。从1978年开始，中国的发展的确有一定的成就，但是也受到市场经济或外来文化的影响，出现了一些问题。为了克服这些问题，你们的领导人运用传统价值观来解决。现在，我看很多学者谈到传统价值观的时候都非常喜欢用一个词，就是"古为今用"，意思是古代的东西通过新解释后我们可以用。我们看中国历史的一些转折点，无论是20世纪初或者之前，国家政权都从传统价值观当中来寻找解决问题的方法。所以，我觉得现代化过程中的一些负面的问题，也可以运用传统价值观来解决，效率还是挺高的。具体来说是什么呢？就是可以制定灵活的政策、保证社会稳定、使新政策被社会所接受。我认为这三个因素可以说是现代化能有美好未来的一种保证，这个过程也是对传统价值观的某种考验。另外，中国在国际实践中引用孔子的思想，我觉得这种做法是独一无二的，在俄罗斯是不可能看到的。比如说普京，或者其他国家的领导人，都不会去引进一些像亚里士多德或者其他的古希腊哲学家的思想，来证明他的新的思想和政策。可是中国的领导人就经常用孔子的一些理念来证明一些措施或者政策，我觉得在世界上没有任何一个国家这样做过。其实俄罗斯的历史有很多的转折点，可以说在文化方面也受到了非常大的考验。首先我们的文化在十月革命之前是以宗教为主，俄罗斯人信仰的是东正教，比较通俗地说，有很多限制性的东西，比如说我们做礼拜的时候是站着做礼拜，站两三个小时都是你应该为上帝做的，在宗教中也总是强调人是非常渺小的，身上的过错是非常多的。十月革命之后，这些价值观念慢慢地就受到了官方的排斥。在社会中如果没有了一种价值体系，就必须有另外一种价值体系来代替，所以当时就塑造了很多关于苏联共产党的故事。十月革命之前，我们经常看到的东西都是一些圣人的故事，他们的生平，他们是怎么修养的，被代替的东西其实跟宗教在某种程度上是非常像的，我们小时候学习列宁小时候是怎么样的。我记得当时有一个故事说列宁有一次骗父母，因为父母不让他吃东西，他偏要吃，但事后他心里很内疚，最后向父母承认了错误。反正就是把列宁作为一个道德模范，我们应该向他学习。十月革命之后，很多教堂没有了。我的奶奶、爷爷、姥姥、姥爷因为他们父母的教育，所以信宗教，可是他们不把这个宗教信仰传递给他们的孩子。其实当时有些教堂还在，不过去的人很少。新的体系塑造英雄，各种各样的英雄，在某种程度上满足了道德上的一些规范。再后来，到1991年，苏联解体了。解体之后外来的一些文化进入俄罗斯，外来的民主、自由，有其有价值的一面，可是跟着也带来了很多负面的文化。当时的俄罗斯宗教瓦解，社会主义的共产主义价值观也瓦解了，两个体系都没有了，新的外来因素的影响很容易地进入俄罗斯。当时的年轻人心里非常乱，我记得1991年，我十五六岁，马上就要进入高中，上历史课的时候，我们学的是俄罗斯的当代史，我们年轻人平时看了很多报纸和电视节目，听过很多比较新的说法，所以对自己的过去就有一点排斥。我们这些年轻人当时非常喜欢来自西方的自由、民主的理念，可是在教室里，老师非常为难，因为他们教的书都是苏联时期出版的，他们也没办法，又不能随便乱讲、不能改变课程。那个时候我们跟历史老师和文学老师经常吵架，其实就是争论，觉得他们给我们讲的内容不真实。老师当时也惩罚我们，可是你知道对少年用惩罚的方式不是特别管用，因此这种争论一直都存在。我记得有一次，大家把老师逼到一个角落里，他真的就没办法再说话了，最后他说："是啊，我同意你们的观点，我心里也很混乱，不知道要怎么给你们上课。"当时大家都很开心，觉得自己胜利了，但是我现在觉得这个老师非常可怜，他真的不知道怎么对付这些年轻人。现在的俄罗斯慢慢地回到比较平和的状态，对文化的认识也不是一律地排斥过去，因为苏联毕竟是伟大的，尤其是在教育方面。现在宗教慢慢地恢复，新建了教堂，普京总统有的时候也去教堂跟大家一起祈祷。

我爷爷快要去世的时候，他非常心疼我们国家的一些变化，尤其是道德方面，因为民主这东西，它到了俄罗斯之后，让很多人都忘了以前的俄罗斯的传统价值观，包括苏联一些好的社会主义价值观，还有人和人之间的关系（我爷爷那时候的教育是以家庭教育为基础的）。我觉得俄罗斯在这方面存在一些问题，也许现在恢复这些传统宗教的一些价值，关于社会主义的价值他们说必须得借鉴，因为毕竟有正能量的东西，虽然说现在俄罗斯的政治体制，都是按照西方国家的体制打造的。比如说叶利钦当总统的时候，总统的权力总是被议员限制，可现在就不一样了，总统说了算，议员还是议员，总统的权力绝对是最大的，政权都在总统的手里。这个可能更符合我们俄罗斯人，十月革命以前我们有国王，所以可能更符合我们俄罗斯人吧。

我觉得中国也经历过这一方面的变化，1949年之后，就是20世纪50年代的时候，传统价值观受到了很大的批判，可是批判归批判，那时候新的价值观没有办法取代传统价值观。说到中国的传统价值观，当然必须得提到儒家文化，中国的很多学者说儒家思想是传统文化的核心，我看了很多中国学者对儒家思想的看法，大部分的学者觉得，儒家思想历来是规范中国社会所有的方面，高一点的包括规范政治，还规范我们个人的道德。我认为，现在也可以利用这样的传统价值观，比如说必须善待别人、孝顺老人、不要自私。我觉得这些价值观，也可以说形成了中国人的民族内涵和气质，甚至对心理和思维方式也有非常深刻的影响。我论文答辩的时候有很多人批判我的观点，他们说，安娜你说的这些儒家的价值观，比如说"己所不欲，勿施于人"，不能说是中国特有的，这是我们人类共同的价值观，必须善待老人，必须不做坏事情，这个你不能一律说只有中国才有。其实，我觉得中国独一无二的东西在哪里呢？"己所不欲，勿施于人。"这是孔子的原话，中国人让它没有任何变化地流传到现在，这个我觉得非常好。

我在中国15年了，我去过中国的很多名胜古迹，我对文物也感兴趣，可是它们是死的，我更喜欢跟中国人打交道，对我来说，人在我心目中是第一位的，名胜古迹、书上写的东西都是次要的。可是我每次和你们打交道的时候，比如去解决工作中遇到的一些困难时，你们解决问题的方式，你们的行为让我一开始感到非常迷惑，每次我心里都非常想问为什么这样做呀，为什么那样做呀，但是我尽可能地还是入乡随俗。所以我一般都保持平和的心态，看看这个事情发展到最后会有什么样的结果，其实结果每次都是比较圆满的。你们经常是用一种我感觉比较"荒谬"的方式来解决某些工作上的问题，但结果每次都很圆满，这种处理方式在很长一段时间内让我感觉很奇怪，这就是我说的代表着特殊的一种价值观。俄罗斯的学者现在比较多地研究民族精神，我前面已经提到了相关原因，因为价值体系还不完善，所以很多学者描述俄罗斯人，就像你们把我们叫作"战斗民族"。其实我听到这个战斗民族时很反感，后来我看了一些学者写的关于俄罗斯人的一些特点，我觉得我们真的像你们说的一样，就是战斗民族，是一个矛盾的民族。俄罗斯一直在东方文化和西方文化里徘徊，我们不知道哪边好，亚洲好还是欧洲好，我们一方面非常喜欢西方的一些先进时尚的东西，另一方面，我们又批评西方的一些做法。很多学者都说，俄罗斯人的勇敢体现在保卫国家或者保卫自己的家园上，勇敢的精神已经到了疯狂的程度，这个说法我同意。1812年拿破仑差不多占领了俄罗斯的时候（我们叫"第一次卫国战争"），当时是所有的人，从沙皇开始，官员、贵族、农民都是一起反抗拿破仑。再看二战的时候（我们叫"第二次卫国战争"），也是同样的这种精神。有一个著名的哲学家，他说俄罗斯人很能忍耐，他们有非常大的力量、智慧和天真的性格。这个天真，应该叫安分守己，十月革命之前，俄罗斯人对领导或者是比他地位高的人是比较尊重的，一直延续到现在。我看很多西方国家的总统、总理，骑自行车上班或者坐地铁上班，跟民众在街上很自由地交流，不管你是工人或者是农民，都是平等的。俄罗斯则不然，我们觉得上帝是万能的，其次是总统，再次是自己的领导，所以，会以特别刻意尊敬的方式来跟领导打交道。同样的特点，我在中国也发现和体会到了，尤其是我在中国国际广播电台工作以后。我当时觉得是因为在国有企业才这样，私人公司会不一样，最后发现其实是一样的。比如说大家一起吃饭的时候，领导坐在哪儿，你坐在哪儿，位置是安排好的，就好像是你在生活当中的位置也就在那儿。在位置的安排上，这可能是跟孔子的君君、臣臣、父父、子子的思想有关系，大家都必须得知道自己的位置。回到俄罗斯人身上，很多学者说，让俄罗斯人喜欢谁非常容易，只要你跟他说一句好话，俄罗斯人就会服从你，的确也是这样，可是也有例外，比如俄罗斯人不喜欢弱的领导，弱的领导——哪怕你非常民主、非常善良、给人民带来很多的好处，俄罗斯人也不会尊重你。我们必须用强的领导，我们国家才能够发展，人民才会尊重这样的领导。我觉得可能是特殊的地理位置、气候，以及历史转变形成了我们奇怪的、独特的心理特点。有人说："该哭的时候俄罗斯人笑，该笑的时候俄罗斯人哭。"这是让西方人也觉得俄罗斯人很奇怪的地方，说俄罗斯人有着"神秘的灵魂"。

又回到儒家思想，其实儒家思想不只是孔子说的话而已，在历史发展中，有非常大的转变，还有孟子、荀子等，其实都是一套东西。西汉的时候，董仲舒改变了这种儒家思想，到宋朝理学开始出现。所以我觉得说儒家思想只跟孔子有关系，那是不对的，有些东西是会通过时间而转变的。我觉得儒家思想是世界上历史最悠久的、保存比较完整的价值体系。

中世纪的时候，儒家思想还有规定和调节社会秩序的作用。每个朝代的首位皇帝都让史官来写前一个朝代的历史，然后通过前一个朝代的教训或者错误来分析现在应该怎么做。19～20世纪的时候，新文化运动、五四运动，使大家对传统文化有了新的认识。我觉得这是非常有意思的一段时期，当时是中国历史上第一次受到外来文化的影响，很多知识分子对西方文化产生了非常浓厚的兴趣，并且开始讨论这个国家的未来应该以什么为基础。有些人觉得中国所有问题的弊端都在于传统文化，有些人觉得传统文化就是儒家思想，是一种让我们国家实现现代化的工具，当时就开始了关于儒家思想的争论。我在大学的时候就开始研究学者关于儒家文化的争论，我觉得很多争论都跟19～20世纪讨论的课题非常类似，只不过是所处的环境不一样，当时中国正处在民族危难之中，21世纪初的时候，中国已经在现代化过程中有了一定的成绩。现在很多学者都在争论一个问题，就是"中学为本，西学为用"，大家都觉得用中国的传统价值观，加上外国的那些知识，才能够推进中国的现代化，所以，哪种成分多一些，西方的还是中国的，就会变成他们争论的焦点。这个和19世纪的俄罗斯也很相似，本质上是一样的东西。俄罗斯当时也在开始选择是我们本质的东西好，还是西方的东西好，我们应该跟着西方国家的路线一起发展，还是应该看亚洲，然后选择东方的道路，选择我们本土的价值。其实到现在俄罗斯还在争论，我们一直在寻找民族的精神在哪里。有一些人觉得要看俄罗斯历史比较璀璨的时候，比如二战就能寻找到民族的精神，但有些人比较排斥，这个不能真正作为一个民族的精神，所以我们应该看到更早的，比如宗教的价值。俄罗斯和中国一样，有些20世纪提到的问题到现在一直没得到充分解决。比如，到现在很多学者在争论儒家是不是一个宗教？儒家思想与民族精神的恢复有什么样的关系？爱国主义与传统价值观有什么样的关系？爱国主义，这是个非常有意思的话题，因为在中国古代的历史中，爱国主义跟我们俄罗斯人说的爱国是一样的，我们讲的是忠诚，必须忠诚于自己的国王，忠诚于自己的上司和领导。在中国，爱国主义就是爱这个国家，但国家是一个非常抽象的概念。我问了一个德国人和一个奥地利人，他们说："我们国家没有爱国主义。"我说："怎么没有啊？"他说："我们就是好好地生活，好好地过日子，对自己国家灿烂的文化感到自豪。"我说："这个就是爱国。"他们说："是，但是俄罗斯和中国在这方面与我们有非常大的不一样，为什么你们总是强调，我爱中华，我爱俄罗斯，我爱雷锋，我爱其他人，这样很不健康。"后来我一直在想，他们是不是觉得真正的爱国主义，不可能强调爱国呀。中国和俄罗斯在过去经历过比较多的转折点，老百姓受了很多的苦，所以这种民族主义的内容、精神变得非常重要，而对奥地利这样没有经历过战争的国家，他们的生活一直比较优越、比较和谐，对他们来说，我们的这些问题，他们可能永远也不会理解，他们说我不会随地吐痰等这些就是爱国。我觉得这可能是中国和俄罗斯经历了很多的民族危机，很长一段时间，都处于被动状态，因此，我们现在要强调爱国，从新的角度来说，需要时间来弥补以前的伤害。

有一次有一个记者采访我，问我："安娜，你爱国吗？"我说："这个爱国是什么概念呢？你说爱普京的话我不爱他，我也不支持他的政策。爱俄罗斯的田野？那我喜欢，柴可夫斯基的音乐，我也喜欢。从这个角度来说，我是爱国的。"

我觉得中国的领导人还是比较有智慧的。1949年到1979年，儒家思想受到了批判。1979 年，邓小平提出了小康社会的构想，这个小康社会在某种意义上添加了某些经济方面的东西，运用传统文化来解释，大家就比较容易接受小康的概念。意思就是我们会好起来，我们国家会安定。我觉得邓小平当时提出小康社会，也是给全世界一种信号，就是现在我们要重回儒家的文化圈。

从 21 世纪初到现在，中国的学者又开始争论传统文化的价值。现在的中国毕竟是处在一个新的阶段，有些传统文化要用来调解外来的不良因素的冲击。市场经济也导致了很多社会问题，比如说拜金主义或者纯物质上的追求，这些问题我觉得要用中国传统文化的一些理念和价值来调解。再者，要改革，必须得有一个稳定的社会来保障，运用传统文化能够更好地进行改革。中国的领导人领悟到了这一点，所以就利用传统文化来调解社会关系和推行新的改革。

我发现中国的学者是以一种扬弃的精神来看待传统文化的价值，毕竟，儒家思想具有两面性，有些必须要抛弃，有些必须要弘扬。弘扬的价值观，就是人的本质是善的、孝的、德的、智的、和的，是作为一种非常有用的观念，服务于社会发展的，即使这些观念已经有了一定的变化，也不影响它在这个社会产生好的作用。习近平总书记说，我们的中华文化有很多值得我们继承的东西，他提到有"天人合一""和而不同""天行健，君子以自强不息""与人为善""己所不欲，勿施于人"，等等。按照习近平总书记的说法，这些价值理念必须要继承，社会主义核心价值观里面就有部分属于这些传统的儒家文化理念。我觉得这非常有意思，为什么？我作为一个外国人，我觉得孔子提到的"君子和而不同，小人同而不和"，过了这么久了，习近平总书记仍能运用它来解释一些比较新的道德体系，就是现在的社会主义核心价值观。还有很多类似于"天人合一"的思想，都是来自《论语》或者《周易》，这些思想流传到了今天其实已经产生了变化。比如，"实事求是"，我本来以为这句话的出处来源于毛泽东，其实不是，是从《汉书》中来的，毛泽东在 20 世纪 30 年代才引用，当时中国的实事求是就是统一战线和国共合作。20 世纪 70 年代后，一国两制、思想解放就是你们的实事求是。现在说："新时代是我们的实事求是。"所以每个年代、每个时代"实事求是"的精神内涵是不一样的，我觉得这个是儒家思想的灵活性，人们赋予它新时代的灵魂，从而促进社会发展。当然也有一些传统价值观，比如，君君、臣臣、父父、子子这种观念应该摒弃，但是这种观念短时间很难抛弃，毕竟在历史上存在了这么久。还有"先义后利"的思想，在市场经济环境下，当然也不符合现实。

再跟你们讲一个非常有趣的故事。我的孩子是在中国的学校上学，他是在北京出生的，从小就跟中国人打交道，中文说得还不错。有一次我去学校接他的时候，发现他和一个男孩在聊天，聊得津津有味，我觉得他们肯定是好朋友。我问："这是你朋友吗？"他说："不是。"我又问他："怎么回事，不是朋友你们还聊得很开心的样子？"他说："不是朋友，是'敌人'。"我说："你的'敌人'？那你为什么还跟他聊得那么开心啊？"他说："那怎么了？"我觉得这个行为对于我们俄罗斯人是很难理解的。我的孩子因为长期待在中国，受到了中国文化的影响啊！在俄罗斯如果是"敌人"，我们理都不会理，尤其是小时候，所有的东西在心里是比较绝对的，可他能够比较友好地跟他的"敌人"聊天。我觉得这个是中国人身上特有的，虽然我们两个人有分歧，虽然我们两个人不友好，可是这并不妨碍我们聊天，聊彼此感兴趣的东西，我觉得这个挺有意思。

我在中国 15 年的时间，真正的朋友，大概只有一两个，真正的朋友就是我们可以互相倾听对方的事情。有的时候，我觉得可能是跟我个人性格有关系，可有的时候，我觉得中国的人际关系确实比较细腻。比如，有的时候我在办公室，同事就会说安娜你帮我看一下这篇文章、你帮我采访一下吧。我觉得没问题，这个是大家的事情，可以做，没有关系的。只是这不是在我工作范围之内，但是作为一件我力所能及的事情为什么不能呢，为什么我要拒绝呢？可是请求帮忙的同事后来觉得好像欠了我似的，第二天就会给我巧克力或者其他什么东西，我觉得其实没有必要。这对我来说算是一种文化碰撞吧。

我继续分享我的经历吧。我的孩子小学和中学都在同一所学校，小学的时候，老师一直在强调个性，不管你是画画或者在课堂上发言，都必须有自己的个性。可是现在上初中了，个性好像就没了，发型、穿着都有规定。比如写作文，我孩子按小学老师的那种讲法来表达自己的理解，其实也算是有理有据，但老师并不接受。我有时候很疑惑这种教育方式，我觉得小孩有自己的思想和想法，老师最起码不应该加以批判。再说，现在孩子进入了青春期，他们非常自我，我觉得在这种年龄段，应该发展他们的个性，但是大家就觉得服从老师、服从领导才是对的。我觉得这个可能跟我们今天的这个话题也有很大的关系。认识一个事物，然后产生了自己的一些想法，我觉得这是非常可贵的精神，就算跟老师讲的不太一样，我认为也没有什么不好的。可是老师一般都不这么认为，只有按照老师所说的内容表达，你才合格。所以孩子在家里时对我说："妈妈，我理解是这样子的。"我说有什么依据，他就跟我讲依据，我说不一定，但是我尊重你的看法。但是，老师会认同吗？

我发现中国人特别讲面子，中国人和俄罗斯人讲的面子不一样。俄罗斯人讲的面子就是你每次跟别人打交道的时候，无论是陌生人还是熟人，你必须得用一个最好的状态来面对对方，比如你不能吐痰，因为这是不雅的行为，你这样会丢面子。但在中国不太一样，中国丢面子一般是指在熟人面前丢面子，跟陌生人相处好像有无面子关系不大。

我有的时候也在思考，俄罗斯人非常崇拜强势的领导，强势的领导就是一切。俄罗斯人还有一个特点就是喜欢讨巧，比如解决问题的时候，擅长找最容易达到目的的办法来解决，但在中国不一样，考虑事情特别细。

以上很多内容是我博士论文中研究的东西，我不是好的运动员，没有天天练习，所以这些东西我也不是天天看。儒家文化的智慧确实是无穷的，并且可以灵活地运用到现在的社会中。

新闻报道

"外国人眼里的中国文化"系列讲座开篇

2016 年 6 月 19 日《贵州都市报》记者蓝岚摄影报道

摘要：今年 24 岁的朱馨芽出生于意大利阿尔卑斯山下的一个小镇上，出于对遥远东方文化的好奇，她在威尼斯大学读书时，选择了中国语言和文化专业。尽管在中国只生活了短短两年，但朱馨芽说得一口流利的汉语。

朱馨芽

6 月 18 日，应贵阳国学大讲堂的邀请，就读于西安交通大学的意大利人 Giulia Pra Floriani（中文名朱馨芽）到大讲堂与学员们一起分享了她对中国传统文化的认识，交流了中国和意大利文化的差异与相似。这也是该讲堂推出的"外国人眼里的中国文化"系列讲座的开篇。

今年 24 岁的朱馨芽出生在意大利阿尔卑斯山下的一个小镇上，出于对遥远东方文化的好奇，她在威尼斯大学读书时，选择了中国语言和文化专业。2014 年她来到中国，在西安交通大学读"中国文化研究"硕士，今年 9 月她还将前往北京大学继续研读中国传统文化。

尽管在中国只生活了短短两年，但朱馨芽说得一口流利的汉语。人们常说中国文化博大精深，朱馨芽在西安学习的两年才深深体会到这句话的含义。

"和而不同"的文化影响

中国传统文化倡导的"和"给朱馨芽留下了深刻的印象。她说，无论儒家、道家，还是佛教，都提倡"和"，这个"和"是"君子和而不同""协和万邦"，也是"和平""和谐""家和万事兴"。对于中国人来说，以和为贵，与人为善，信守和平、和睦、和谐，是生活习惯，更是文化认同。

朱馨芽第一次读《周易》，觉得就像读天书，根本不知道在说什么。她说，外国人很难理解什么叫乾卦、坤卦，乾为什么是天，坤为什么是地。但她在慢慢了解《周易》产生的文化背景、历史由来后，才体会到中国传统文化的精妙。在她看来，《周易》是总领中国传统的精神之书。

老子是最早的环保主义者

儒家和道家思想对中国人影响深远。朱馨芽认为，孔子思想塑造了中国士大夫阶层的精神世界，对中国古代社会的构架和政治制度都有着绝对的指导意义。她认为，儒家提倡的"中庸"是人在天地间存在，和天地达到的一种和谐的状态。但她个人更喜欢道家，她说："'道生一，一生二，二生三，三生万物。万物负阴而抱阳，冲气以为和。'听上去好玄妙。""人法地，地法天，天法道，道法自然。"从这句话中，朱馨芽觉得老子是最早的环保主义者。

朱馨芽说，庄子的文章很美，想象力超乎常人，庄子的文章不是一次就可以读懂的，但理解后，对打开我们的思维有很大的帮助。在中国生活的两年里，朱馨芽发现，生活中很多中国人喜欢儒家，也会在遇到困境或者遭遇难题时选择退出，她认为这是受道家思想的影响。

体会到中国人很含蓄

初到中国时，她很难理解"关系""面子""缘分""礼节"等词语特有的中国含义。她说："中国人说'再说吧'，可能就是'不说了'，说'还行'，也许就是'不行'；中国人很看重面子，做事情很喜欢找关系；吃饭时喜欢给客人夹菜；明明自己在某个专业很厉害，但总是谦虚地说'我不行，我还差得远'；喜欢劝人喝酒，说'不喝就是看不起我'；等等。这些细微的差别，我是慢慢才体会到的。所以我说，中国人很含蓄。"

伊朗学者在贵阳国学大讲堂谈他眼里的中国文化

2016 年 7 月 18 日 《贵州都市报》记者蓝岚摄影报道

摘要: 7 月 16 日, 伊朗学者扎拉德·伊玛目做客贵阳国学大讲堂谈他认识的中国文化, 并声称正是因为中国给世界提供了第三种生活方式的模式, 即在继承传统和接纳现代理念、积极寻求改变之间探索出一种平衡的生活方式, 所以自己才在中国扎根下来。这是贵阳国学大讲堂推出的 "外国人眼里的中国文化" 系列讲座的第二讲。

扎拉德·伊玛目

7 月 16 日, 伊朗学者扎拉德·伊玛目做客贵阳国学大讲堂谈他认识的中国文化, 并声称正是因为中国给世界提供了第三种生活方式的模式, 即在继承传统和接纳现代理念、积极寻求改变之间探索出一种平衡的生活方式, 所以自己才在中国扎根下来。这是贵阳国学大讲堂推出的 "外国人眼里的中国文化" 系列讲座的第二讲。

扎拉德出生在伊朗亚兹德的一个传统家庭, 在伊朗完成了本科和硕士教育。读硕士期间, 他与中国学生有了接触, 从而激起了他对中国历史文化的好奇心。硕士毕业后，他到华中师范大学先学了一年汉语，后来开始读博士，研究方向是中国近现代史。博士毕业后，他到西安外国语大学担任波斯语系的教师，带着妻子和两个女儿在这里安家。

对中国文化充满敬意

扎拉德·伊玛目谈到，中国和伊朗都是有着悠久历史文化的国家，两个国家在古时候就互相倾慕于对方的文化。根据历史记载，古代伊朗人认为，中国是绘画发源地之一，中国的绘画技艺炉火纯青，甚至觉得伊朗的绘画来源于中国。

随着社会的发展，在今天，伊朗人对中国又有了新的认识。扎拉德·伊玛目说，伊朗人眼里，中国人工作时特别勤奋努力，很多中国人的工作时间远远超过规定的八小时，加班是常态，这让大多数一天只工作半天的伊朗人很敬佩。中国这些年的快速发展，经济腾飞也是因为中国人这样的努力和拼搏的结果。

中国够拼、爱美食

在中国学习生活工作八年，扎拉德·伊玛目深深感受到了中国这个古老的国家在发展中呈现出的活力，积极接纳现代社会的新思潮和新观念，并且在这个变化中还继承和保留了自己的文化传统。

扎拉德·伊玛目总结道，伊朗人是爱清洁的，自我的；中国人重视规律，喜好社交，有耐心。扎拉德·伊玛目也在生活中体会到两国文化差异带来的不同，相较于伊朗单调的食物种类，扎拉德·伊玛目感叹，中国人实在是太会吃了。

扎拉德·伊玛目也觉得中国人开车太慢，喜欢按喇叭，愿意排队……他说，伊朗人没有排队的习惯。但他也提出，这些年，中国的模仿能力越来越强，山寨产品很多，他认为"这会把中国的名誉搞坏"。

贵阳国学大讲堂第 72 次讲座：
一个法国人眼里的中国传统文化

2016 年 12 月 11 日《贵州都市报》记者蓝岚摄影报道

摘要：12 月 10 日，贵阳国学大讲堂举行第 72 次讲座，中山大学哲学系梅谦立教授应邀到贵阳为该讲堂的学员带来了一场"一个法国人眼里的中国文化"的讲座。梅谦立教授的讲座主要以"外国儒家经典诠释学"的视角，从"解释儒家经典与一神教的关系""西方与中国的诠释有所不同""中国的'经史子'与圣经学"等专题入手，介绍并讨论了历史上欧洲来华传教士对中国文化的理解与介绍。

梅谦立

中国与欧洲之间的路线

梅谦立教授介绍，欧洲来华传教士的主要活动之一就是给欧洲写各类文件、信函，包括致亲戚的私人书简，致各自修会及教会领导的年信及报告，面向欧洲知识分子介绍中国的各类著作等。通过这些丰富的文献，可以理解他们眼中的中国，也有助于我们从新的角度去反思中国。

　　来华传教士最早把中国看为一个很神秘的国家，这种观点在历史上由来已久：早在 13 世纪，威尼斯人马可·波罗所写的游记、柏朗嘉宾所写的《蒙古史》、鲁布鲁克所写的《蒙古纪行》都将中国（当时的蒙古帝国）描绘成一个神奇的东方国度。

　　300 年后，耶稣会传教士来到了中国（当时的明朝），对中国的各种情况也倍感惊讶。如利玛窦在《中国札记》中，也将中国描绘成一个神奇的国度。但在 16～17 世纪的欧洲，最有影响力的著作应属基歇尔 1667 年出版的《中国图说》，这本书包含大概 50 张图画，激发了欧洲人对中国的兴趣，塑造出欧洲理解的"中国形象"。

　　有趣的是，基歇尔从来没有来过中国，确切地说他从没有离开过欧洲，《中国图说》中的信息是他通过跟世界各地传教士的书信联系获得的。在《中国图说》里，基歇尔插了一张亚洲地图，这张地图反映了欧洲与中国的来往情况。在上面有 16 世纪葡萄牙商人发现的海路航线，17 世纪时这条海上航线很活跃。耶稣会传教士正是沿着这条航线往来于欧洲与亚洲之间，让双方的信息不断被传递，进而推动双方在学术上的交往。

　　当时耶稣会士来到中国后也发现了很多线索证明很早以前欧洲与亚洲就已经有来往。如在河南开封，传教士们就发现当地竟存在一个犹太人的团体；在北方，传教士看到了元朝天主教团体的痕迹，如十字架等，借此证明马可·波罗或柏朗嘉宾来过这个地方。

　　因此，虽然传教士们是通过海上航线来到中国，但种种证据充分证明在中国与欧洲之间确实曾经有过一条大陆的路线。基歇尔受此启发，回头去查阅马可·波罗 13 世纪所写的各种记录，在《中国图说》的地图上，绘制出他当时来华的路线。

　　梅谦立教授说，当时耶稣会传教士推测马可·波罗所记载的"契丹"就是中国，所以他们也尝试重走马可·波罗的道路。葡萄牙耶稣会士鄂本笃是第一位成功在陆路连接印度与中国的欧洲人。他从 1602 年开始，用了 3 年时间，从印度北部沿陆路去往中国，由于疲劳和旅途中的挫折，他最后在苏州逝世。60 年之后，奥地利耶稣会士白乃心和来自佛兰德斯的吴尔铎从北京出发了，花了两年时间（1661—1662），经过拉萨及尼泊尔，到达亚格拉。

虽然吴尔铎在亚格拉逝世，但白乃心仍独自继续这段旅程，最终于 1664 年到达罗马。后来白乃心向基歇尔亲口述说了他旅途中经历的各种情况，基歇尔在《中国图说》中第一次描述了这件事情。

《中国图说》：神秘的中国

梅谦立教授介绍，由此基歇尔意图说明，亚洲与欧洲当时有联系，过去也有联系。他提出一个观点："叙利亚、埃及和希腊不仅是基督宗教的温床，而且是各种迷信的发源地，并在基督降生之前就已经在全世界传播开了。"基歇尔提出这一观点很大程度上是受了《圣经》的影响，认为各个文明是来自同一发源地，最初说是在巴比伦，后来这个文明圈的范围进一步扩大。由于基督教和伊斯兰教的兴起，古代宗教在欧洲和中东几近消亡，但通过传教士的报告，基歇尔发现，印度、中亚、中国的宗教信仰却保存有类似于中东、埃及、希腊的古代宗教的因素。传教士对中国抱有浓厚的兴趣，其中一点就是因为当时的中国反映出了人类古代历史的某些重要特征。在古代历史时期，人类的理性被迷信掩盖。但基歇尔不会完全批评或否定当时的中国，因为他自己也要说明，在古希腊、古罗马时期，西方人自己也经历过这一阶段。

基歇尔认为从神学的角度，最初的宗教是朝拜唯一的天主，而不久之后，撒旦抵抗天主，在巴比伦那里撒播一种"病毒"使人们进行偶像崇拜，后来这种"病毒"传染到希腊、埃及和叙利亚，然后再扩展到世界各处。

来华的耶稣会士在民间宗教生活中看到了"迷信"和"偶像崇拜"的影子。这里的"偶像崇拜"主要是指道教和佛教，在传教士的报告中对这些宗教都进行了详细的描述。例如佛教徒传说中，福建省闽江边的一座山被卫匡国记述下来，基歇尔据此画成了一座奇怪的"石佛山"。在基歇尔看来，很可能是撒旦跟一个魔术师达成某种协议：通过撒旦的力量，魔术师塑造了一座偶像式的山。

石佛山

梅谦立教授认为，基歇尔对中国民间宗教的态度是矛盾的。一方面，他认为这些宗教是撒旦所造的，是邪恶的、迷信的，认为人们应该远离它们；另一方面，这些民间宗教对基歇尔却有很大的吸引力，让他心甘情愿花很多精力去搜集这些古代宗教的材料，去深入研究它们。当然有一种可能，就是基歇尔完全站在人类历史学家的角度去进行研究。当时在西方，古希腊、古罗马宗教已经消亡了，只留下些许文字记录，而基歇尔认为在中国可清楚地找到古希腊、古罗马宗教演变的轨迹，在他看来这对理解西方的古代历史有重要帮助，能补充西方的历史材料。但梅谦立教授个人认为，基歇尔的兴趣不仅仅在于人类历史的考证，而更在于揭示人类另外一种宗教性的生活方式。

梅谦立教授认为，基歇尔要用理性去研究一些超乎理性的现象，去研究撒旦的骗局。在基歇尔看来，基督教展示人类的理性，但他也许认为，理性无法概括整个人类的历史，不能概括全面的人性。基歇尔或许试图希望通过对中国民间宗教的研究，把人类历史的另一种可能收集起来。

梅谦立教授说："通过传教士的著作或其他域外文献，我们也许会对那个我们'熟知'的中国有新的理解，发现我们未曾发现的面向。在我们去分析、理解自己过去的种种时，给自己多一个选择。"

《中国哲学家孔夫子》：理性的中国

接下来，梅谦立教授介绍了欧洲人对中国理解的另一个面向：理性的中国。他选择了一部比较有代表性的著作——柏应理所编的《中国哲学家孔夫子》，这本书1687年在巴黎出版。与《中国图说》不同，这本书涵盖了耶稣会传教士当时来华百年间对"四书"及中国哲学的研究成果。

与《中国图说》不同，《中国哲学家孔夫子》向欧洲传递的信息是：历史上中国人一直蒙受理性，并在很长时间保持着极为纯粹的理性，其中自汉朝开始，中国人才接受了佛教和相应偶像崇拜的影响。他认为直至今日中国人还保留着儒家思想，而这些经典里面体现着自然理性和对上帝的纯粹信仰。

以柏应理为代表的传教士当时已逐渐认识到，他们所面对的中国思想自身有着一个体系，即"中国知识"，其经典体系即"四书"。因此殷铎泽在翻译《中庸》时，就用了"中国知识"为标题。他想暗示：中国思想体系完全能够回应"欧洲知识"，进而希望搭建起两个体系之间的思想桥梁。

在《中国哲学家孔夫子》中，柏应理借用了殷铎泽所编写的《孔子传》中的内容。在《孔子传》前面，柏应理还附上了一幅孔子的画像，这应该是西方人第一次看到孔子的形象。这里的孔子画像有一点类似中国传统的孔子像：孔夫子蓄须并着冠，但很明显这张图画并非引自中国，而是传教士自己创作的。

孔子像

这里所要表现的孔子，并不是一位神秘的宗教创始人，而是一位哲学家、一位学者。耶稣会传教士很确定地说，"祭孔"活动都不包含任何偶像崇拜的因素。在牌位上面没有任何具体的形象，人们在牌位面前只表示对孔子的尊敬。既然耶稣会在文笔上那么小心，这张图片里面，孔子弟子的排位及孔子自己手里拿着的笏板却很容易让欧洲人误解中国人对孔子有着某种偶像崇拜。所以这张图片后来又发生了一些变化。

《中国哲学家孔夫子》与《中国图说》向我们展示了两个不同面向的中国：《中国图说》展示了一个神秘的中国，传达了中国与西方的"不同"；《中国哲学家孔夫子》则展示了中国与西方的"同"。